DECLARAÇÃO UNIVERSAL DOS
DIREITOS DA PESSOA HUMANA
FORA DO ARMÁRIO

DECLARAÇÃO UNIVERSAL DOS DIREITOS DA PESSOA HUMANA
FORA DO ARMÁRIO

Pavinatto

2022

DECLARAÇÃO UNIVERSAL DOS DIREITOS DA PESSOA HUMANA FORA DO ARMÁRIO
© Almedina, 2022
AUTOR: Pavinatto

DIRETOR DA ALMEDINA BRASIL: Rodrigo Mentz
EDITOR DE CIÊNCIAS SOCIAIS E HUMANAS E LITERATURA: Marco Pace
ASSISTENTES EDITORIAIS: Isabela Leite e Larissa Nogueira
ESTAGIÁRIA DE PRODUÇÃO: Laura Roberti

REVISÃO: Gabriela Leite e Luciana Boni
DIAGRAMAÇÃO: Almedina
DESIGN DE CAPA: Alexandre Venâncio
IMAGEM DE CAPA: Edição de Alexandre Venâncio sobre foto de acervo particular do grafiti 'The Kiss', de Dmitri Vrubel.

ISBN: 9786554270045
Outubro, 2022

Dados Internacionais de Catalogação na Publicação (CIP)
(Câmara Brasileira do Livro, SP, Brasil)

Pavinatto
Declaração Universal dos Direitos da Pessoa Humana
fora do armário / Pavinatto. -- São Paulo : Edições
70, 2022.

ISBN 978-65-5427-004-5

1. Declaração Universal dos Direitos Humanos
2. Direitos humanos 3. LGBTQIAP+ - Siglas I. Título..

22-117778   CDU-342.7

Índices para catálogo sistemático:
1. Direitos humanos : Direito 342.7
Cibele Maria Dias - Bibliotecária - CRB-8/9427

Este livro segue as regras do novo Acordo Ortográfico da Língua Portuguesa (1990).

Todos os direitos reservados. Nenhuma parte deste livro, protegido por copyright, pode ser reproduzida, armazenada ou transmitida de alguma forma ou por algum meio, seja eletrônico ou mecânico, inclusive fotocópia, gravação ou qualquer sistema de armazenagem de informações, sem a permissão expressa e por escrito da editora.

EDITORA: Almedina Brasil
Rua José Maria Lisboa, 860, Conj.131 e 132, Jardim Paulista I 01423-001 São Paulo I Brasil
www.almedina.com.br

Aos meus pais, Fátima e Juscelino.

O Conforto dos Armários

Prof. Dr. Leandro Karnal

O livro que você tem em mãos vai incomodar muita gente. Pavinatto é um autor livre e, em dias de polarização, alguém que rejeita fórmulas e rótulos tem o dom de ser vaiado no Fla-Flu por ambas as torcidas.

Uma parte das arquibancadas vai se sentir acariciada já na primeira epígrafe: Chesterton! O conservador católico inglês! A desconfiança dos poderes totalitários do Estado que marca críticos do estatismo emergirá em citação de Ayn Rand, a rebelde contra a opressão.

Lentamente, verá que pressupostos de alguns conservadores não estão presentes no texto de Pavinatto. Não existe, para o autor, uma natureza humana identificada com a família heteronormativa. O bem não anda ao lado da propaganda de margarina com pai e mãe olhando seus rebentos de forma feliz. Deus e a Pátria não estão assegurados no livro como eixos sacrossantos e "normais". A torcida que vibrou com Chesterton ficará incomodada.

A outra associação esportiva pode torcer um pouco o nariz para a epígrafe. Porém, o tema gênero e a reflexão sobre homoafetividade podem atrair leitores de esquerda. O que se espera em livros de tal jaez é a denúncia da opressão heteronormativa sobre o resto do mundo. Todavia, o entusiasta desse viés vai se decepcionar aos poucos. A pessoa humana sobrepuja como conceito à pessoa gay. Enfim, há um momento em que o jurista afirma, textualmente, que nossa legislação contra a discriminação produz outro tipo de discriminação. Mais: há passagens claras contra o conceito de identitarismo. Em uníssono, Flamengo e Fluminense ficarão incomodados.

Afinal, por onde podemos pensar a obra de Pavinatto?

****

Liberdade é termo antigo, assim como democracia. Quando os atenienses se orgulhavam, pela voz de Tucídides, de serem um governo guiado pela maioria, estavam convencidos de que o humano estava restrito aos homens livres, filhos de pai e mãe atenienses. O fato de os escravos, mulheres e metecos (estrangeiros) serem 90 % da população da cidade-Estado era um detalhe. Um escravizado não era uma pessoa para o ateniense orgulhoso da Assembleia. Assim, não era o conceito de democracia que era excludente, tratava-se de uma restrição do conceito de pessoa.

Os movimentos liberais do fim da Idade Moderna e Contemporânea lutaram pela ampliação da cidadania. Queriam que o cidadão fosse entendido além do Rei e dos privilégios do Primeiro e do Segundo Estado. A Bastilha foi derrubada pela noção de igualdade.

Um pouco antes, as 13 colônias da América do Norte tinham afirmado o mesmo. Por que as leis que regiam o Novo Mundo tinham de ser votadas em Londres? Era preciso ampliar geograficamente a noção de cidadão.

Nos dois casos, lidamos com a noção matemática de aumento e com o conceito político da isonomia. Em ambos, o resultado foi um aumento de participação, porém, ainda limitado e excludente. Pobres só votariam nos EUA no século XIX. Mulheres teriam de aguardar o século XX. Negros tiveram de esperar pelo ano de 1964 para que uma declaração mais formal do governo dos EUA derrubasse a resistência ao conceito de que um afro-americano era um cidadão com os mesmos direitos políticos que os Pais Fundadores tinham imaginado para si e para a elite W.A.S.P. (branco, anglo-saxão, protestante).

Consagrados nas leis os direitos de pobres, mulheres e negros, ainda restava uma estrada longa para a superação dos preconceitos.

Quase todo movimento de luta contra uma forma de opressão nasce da vontade de ampliar a noção de pessoa humana. O caminho é antigo. Shyllock, a personagem de Shakespeare no *Mercador de Veneza*, havia invocado essa humanidade em comum contra o antijudaísmo (que, em breve, viraria o horror do antissemitismo):

> "Sou um judeu. Então um judeu não possui olhos? Um judeu não possui mãos, órgãos, dimensões, sentidos, afeições, paixões? Não é alimentado pelos mesmos alimentos, ferido com as mesmas armas, sujeito às mesmas doenças, curado pelos mesmos meios, aquecido e esfriado pelo mesmo verão e pelo mesmo inverno que um cristão? Se nos picais, não sangramos? Se nos fazeis cócegas, não rimos? Se nos envenenais, não morremos?"

O que há na reclamação da personagem é a invocação do corpo em comum, dores e sentimentos de todos os seres humanos, cristãos ou judeus. A peça é acusada de tratar pelos estereótipos tradicionais o sentimento contra a comunidade judaica, no entanto, a reclamação do comerciante é um argumento concreto e bom contra o preconceito. Todos pertencemos à mesma espécie humana e temos dores e alegrias em comum. Todos sangramos. Todos almejamos a felicidade de alguma forma. Todos morremos.

Avancemos para o século XX. Na conturbada década de 1960, aumentou a luta de grupos feministas, negros e gays. O episódio do bar *Stonewall*, em Nova York, traz a mesma questão dos movimentos citados antes. A pergunta dos frequentadores do local naquele verão era: se os bares de héteros podem estar abertos e eles podem demonstrar afeto em público, por que nós não? Acaso não somos o mesmo ser humano que bebe e namora? Por que alguns possuem direitos que nos são negados?

A rebelião daquele fim de junho deu origem ao dia do orgulho gay. Notamos ali a mesma tônica dos que se rebelaram em 1789: queremos ser iguais porque somos humanos também. Basta de privilégios!

O que significava para mulheres, negros e gays a luta? Se os brancos podem matricular seus filhos em tal escola eu também quero. Se os homens podem usar calças eu, mulher, também posso. Se os héteros podem se beijar em público eu também posso. Em resumo: os direitos devem ser equalizados e universais. Ampliar para gênero ou identidade étnica as lutas da Revolução Francesa é a atualização da década de 1960.

A argumentação de Pavinatto vai um pouco além. Ele parte de uma nova noção de civilização e de pessoa humana. A igualdade não é dada porque alguém é negro ou gay, todavia, antecede tudo. A igualdade deriva de uma necessidade civilizacional e jurídica.

Pavinatto coloca as engrenagens de uma máquina engenhosa para buscar na etimologia, nas ideias jurídicas e no conceito filosófico de pessoa humana a construção de uma posição que eu chamaria de pós-Stonewall.

Para ele, é uma libertação ontológica e hermenêutica. É ontológica porque eu só posso ser integralmente sendo quem eu sou. O armário não é um velamento social, trata-se de uma negação do ser em si. É hermenêutica porque determina que o estatuto da pessoa humana é o único possível. A chave da decifração é a pessoa humana em si.

Tentando entender as ideias de Pavinatto, eu diria que ele não ergue uma identidade gay como uma forma em oposição a outras formas. No entender quase "orwelliano" de Pavinatto, nenhum animal é mais igual do que os outros.

Todos precisamos sair de algum tipo de armário. Ele opta pela indefinível diversidade do humano e, no fundo, consegue deduzir que ser hétero cis é um tipo específico de armário. Estar em algum rótulo é assumir um simulacro ou, como ele diz, "uma farsa de si mesmo".

*****

Tendo feito essa linha para explicar aos estupefatos um pouco do autor, seguimos como uma paráfrase argumentada da Declaração Universal que a ONU votou em 1948. Ao seguir os 30 artigos do famoso texto, Pavinatto redefine a ideia. A metáfora do armário não atinge gays apenas. A saída dele é um imperativo para todas as pessoas.

Ficará mais claro nas partes finais o mundo pós-Stonewall de Pavinatto. A luta contra a tortura é universalizada. A crítica que a ONU fez sobre expulsão de pessoas de um espaço é ampliada para os cancelados da internet de hoje. A presunção da inocência atinge garotos de programa: não sendo crime a prostituição no Brasil, por qual motivo seriam perseguidos? E sobre o ódio que flui nas redes? De forma sábia, ele diz ao comentar o artigo 30: "O ódio é uma confissão da triste relação entre aquele que odeia e coisa odiada."

Cada item da Declaração da ONU sofre uma mudança de enfoque e é ampliado. Todos os armários devem ser desmontados e todas as pessoas estão revestidas de direitos inalienáveis não por serem minoria perseguida e vilipendiada e sim por serem pessoas humanas.

Em resumo, não estamos diante de uma obra facilmente classificável: **É um novo humanismo além do tradicional de base grega ou renascentista.**

Não tenho certeza de que todos estejam desejando ou necessitando a superação do identitarismo.

Conservadores reclamam que existe um dia do orgulho LGBTQIAP+ e não existe um dia do orgulho heterossexual. Tecnicamente, o + incluiria até o heterossexual, mas a ideia do livro *Declaração Universal dos Direitos da Pessoa Humana Fora do Armário* está além de aumentar mais letras que caracterizem inclusão ou criar novas datas de celebração de identidade. O autor, metaforicamente, quer superar o identitarismo que marcou mais de meio século de lutas contra a invisibilidade gay e contra a violência direta. Ele faz um convite jurídico e uma reflexão formal no campo do Direito. Nas distinções entre justiça e Direito, Pavinatto convida a pensar sobre o estatuto do humano, independente de rótulos, gavetas e armários.

Estará esgotada a via identitária da luta? É complexo responder. Para uma resposta clara, deveríamos pensar os fatos que mudam a todo instante no nosso Brasil que se crê varonil e obter apoio de argumentos de ideias inteligentes. O livro de Pavinatto é inteligente e faz pensar. De todos os armários possíveis, o da ignorância que se orgulha dos seus limites é o que está mais na moda nas lojas de móveis do mercado tupiniquim. O livro que você tem mãos incomoda no bom sentido de trazer o contraditório, base da ideia de justiça. Em tempos de exaltação do senso comum como caminho, este livro é um sinal de inteligência crítica.

Sumário

Declaração Fundamental dos Conceitos Universais da Civilização Humana	17
O que é civilização?	19
de•cla•ra•ção	27
u•ni•ver•sal	28
di•rei•to	30
pes•soa hu•ma•na	41
fo•ra do ar•má•rio	52
Declaração Universal dos Direitos da Pessoa Humana Fora do Armário	57
Preâmbulo	59
Artigo 1º	81
Artigo 2º	83
Artigo 3º	85
Artigo 4º	87
Artigo 5º	90
Artigo 6º	91
Artigo 7º	95
Artigo 8º	101
Artigo 9º	102
Artigo 10º	103
Artigo 11º	107

Artigo 12º	109
Artigo 13º	111
Artigo 14º	115
Artigo 15º	118
Artigo 16º	120
Artigo 17º	123
Artigo 18º	124
Artigo 19º	126
Artigo 20º	128
Artigo 21º	129
Artigo 22º	131
Artigo 23º	132
Artigo 24º	134
Artigo 25º	135
Artigo 26º	137
Artigo 27º	141
Artigo 28º	142
Artigo 29º	143
Artigo 30º	146

**Declaração Final à Pessoa do Fundamental
Leitor Humano**   147

O pior dos juízes é o homem que, hoje, está mais disposto a julgar; é o cristão mal-educado que, aos poucos, se transforma no agnóstico mal-humorado preso no ponto extremo de uma controvérsia cheia de princípios que ele nunca compreendeu, devastado por uma espécie de tédio hereditário diante daquilo que ele não conhece e cansado de ouvir aquilo que nunca ouviu.

Chesterton

Declaração Fundamental dos Conceitos Universais da Civilização Humana

O que é civilização?

Porque ela se origina de uma força, um ardor que emana da humanidade e constrói coisas, a civilização é inerente ao *ser* humano. Por isso, muitas respostas – a grande maioria delas – incorrem em equívocos tentadores. Dizem alguns que a civilização é a forma de organização da vida de relação iniciada quando o ser humano, dominando a terra, sedentarizou-se; outros, por sua vez, confundem o nascimento da civilização com o surgimento dos impérios da Antiguidade.

Ora, a partir dessas compreensões – rasas –, o termo *civilização* continua carente de significado específico e serve apenas, de maneira substituível (porque não passa de um sinônimo), para demarcar organizações político-culturais. Quando digo *civilização* mesopotâmica, egípcia, hindu, grega, romana etc., a palavra *civilização* nada diz a não ser algo do tipo "organização social de determinado povo sobre a qual se tem notícia". Vazia de significado, despida de qualquer ontologia, percebam que *civilização* não quer dizer nada se estiver desacompanhada de uma nacionalidade. Como podemos, assim, falar em *civilizações* se não podemos, antes, definir o que é a *civilização*?

Quando falamos, equivocadamente, em *civilizações*, referimo-nos, na realidade, a culturas (a cultura egípcia, hindu, grega etc.), ou seja, aos costumes, valores e crenças de um povo que, em razão desses quesitos, se diferencia de outro povo e de todos os outros povos. Em outros dizeres, nesse sentido impróprio, *civilização* não passa de cultura, que pode ser definida como o diferencial metafísico e comportamental cultivado por um grupo de seres humanos para que se destaque dos demais seres humanos; é um conjunto de elementos de identificação que lhes confere unidade e unicidade, além da ideia de uma existência privilegiada em detrimento de todos os demais seres deste mundo.

O que, então, é *civilização*?

A resposta mais honesta que já encontrei para essa pergunta é a de *Sir* Kenneth Clark. No seu icônico documentário televisivo para a BBC em 1969, *Civilisation*, ele provoca sua audiência quando responde: "Eu não sei".

Apesar dessa resposta inquietante – e, por que não dizer, revoltante –, diz o Professor de Oxford que, apesar de não saber, pode reconhecer a *civilização* quando vê a *civilização*, pois, entre os relatos e os edifícios, a verdade sobre a sociedade humana está, sem sombra de dúvidas, nos edifícios.

De fato, ao contrário da cultura, que se restringe a um determinado povo, a civilização ultrapassa esse povo; ela ultrapassa todos os povos e, dessa forma, supera as culturas, uma vez que, ao invés de distinguir e separar os seres humanos em povos, a civilização assemelha e une os seres humanos na universalidade. Tanto a civilização quanto a cultura marcam a presença do ser humano na face da Terra e ultrapassam a vida desse ser humano; todavia, a cultura serve apenas a um povo, é algo inerente ao nacional, ao passo que a civilização serve à raça humana, sem exceções, de modo que, como comprova a História, a civilização pode conter culturas para ultrapassar as culturas, pois, quando a cultura cede à civilização, ela, pouco a pouco, vai deixando de existir.

Se me permitem uma resposta, a civilização é contínua construção de uma *cultura* em sentido impróprio, porque é uma cultura mais profunda, mais primordial e essencialmente diferente de todas as outras culturas sobre as quais se tem notícia. A civilização, ao mesmo tempo que marca o reconhecimento diferencial entre a espécie humana e as demais espécies animais e os demais seres da natureza, impõe a todos os seres humanos a responsabi-

DECLARAÇÃO UNIVERSAL DOS DIREITOS DA PESSOA HUMANA FORA DO ARMÁRIO

lidade de reconhecer e sustentar essa nobre superioridade, razão pela qual, dentre outras consequências, a civilização não pode suportar escravidões ou irracionalidades que busquem fundamentar a superioridade de uns sobre outros.

A civilização, contudo, não se revela, na História, como uma tábua nas mãos de um profeta que volta do monte ou como a queda de uma maçã sobre a cabeça do cientista: ela parte de um fenômeno de tomada de consciência pessoal, um ardor que evolui a passos lentos e se revela em obras que varrem os velhos entulhos culturais (moralismos) para fora da estrada que leva à Razão. A civilização, em termos mais concretos, é a pavimentação da estrada da vida humana, uma pavimentação que serve a todos os seres humanos que nela caminham, sem exceção, e que não comporta banimentos nem atalhos – afinal, mesmo querendo chegar, ela não sabe onde nem quando; é uma pavimentação em permanente ampliação que, apesar dos muitos recapeamentos, não permite desvios, que garante um percurso certo em solo cada vez mais firme.

Sociedades tendem ao estabelecimento de condutas definidoras de uma certa harmonia (imposta, uniforme, heterônoma) entre os seres humanos que compartilham da sua cultura, mas só a civilização objetiva a harmonia entre seres humanos de culturas diferentes. A civilização, em suma, é toda obra humana decorrente do ardor pessoal que faz compreender a universalidade apesar de qualquer diversidade.

Tão antigo e, certamente, mais profundo que as concepções sobre o universo dos egípcios, dos assírios e dos judeus, é o pensamento dos *Àrya*, os *homens nobres* (termo com o qual os védicos – habitantes do atual Norte indiano – se autodenominavam há mais de 5.500 anos). Para os pais do hinduísmo, antes de qualquer deus, existiam os *ṛṣi*; nem deuses nem demônios, eram indecifráveis, indescritíveis e inacessíveis incandescências imaginativas que, quando ardiam, pensavam; pensando, conheciam; conhecendo, criavam. Os *Sapatarṣi* foram os sete *ṛṣi* que, ardendo, coordenaram e condensaram todo o conhecimento e, assim, fundiram-se na primeira pessoa, o primeiro deus que, sendo o primeiro, não tinha nome, mas tinha uma denominação por ser o criador de todas as criaturas, *Prajāpati* – um amálgama de ardores viabilizado por um ardor comum compartilhado entre os diferentes *ṛṣi*: o desejo de agir em concordância com todos. Quer dizer: a razão da existência se reduz à concordância consciente pela união das diferenças.

É a partir dessa filosoficamente poderosa alegoria védica que defino a civilização como a obra do ardor pessoal que fracassa enquanto não alcança a todos (e a anticivilização, por sua vez, como resultado das segregações).

Em muitos momentos da História, a vaidosa humanidade acreditou ter alcançado o ápice da civilização. Não percebeu que a civilização é uma estrada – e não um ponto de chegada; inclusive porque a vida humana é uma jornada rumo ao desconhecido. Essa confusão, fatalmente, sempre fez a humanidade cair num atoleiro.

Um desses episódios ocorreu nas duas décadas seguintes ao término da Primeira Grande Guerra quando, convencidos com o falso brilho da nova ordem mundial, os líderes das grandes nações permitiram que o regime nazista (a grande prova do quão distante a raça humana sempre esteve – e ainda está – do alcance da razão) triunfasse na Alemanha. A comprovação da relutante capacidade do ser humano para desumanizar outros humanos de forma, aliás, banal, foi uma das razões pelas quais, finda a Segunda Guerra Mundial em 1945, a civilização se fez revelar de forma mais incisiva e clara através da Carta da Organização das Nações Unidas. Superando o Pacto da Sociedade das Nações de 1919, a Carta de 1945 ultrapassou as relações interestatais e revelou, definitivamente, a civilização: a comunidade internacional de seres humanos livres e igualmente dignos; a ordem mundial que exige a observação de direitos humanos fundamentais e universais.

Não podemos afirmar se, na Pré-História, houve alguma civilização, mas, em virtude da geografia, é certo que, se tivesse existido em algum lugar, ela seria bastante limitada. Ao longo da História, no entanto, se a cultura é, como dissemos, uma determinada estrutura que permite a coexistência entre seres humanos em certa porção geográfica (povo), a civilização se revela, inicialmente, em cada estrutura que permitiu a coexistência entre povos. A cultura, de um lado, é uma espécie de artifício que identifica pessoas e diferencia os povos; a civilização, de outro, é o construto a partir de uma consciência crescente do igual valor da identidade de pessoas diferentes. A cultura reverencia a finitude da identificação; a civilização, o infinito da identidade.

A evidência da evolução dessa compreensão é muito clara: em 1919, a ordem mundial pregava a harmonia entre os povos; em 1945, a harmonia entre as pessoas em prol de todas as pessoas, de maneira que a identificação não mais poderia tolher a identidade. Esse era o desejo que ardia no armário da carta de 1945 e que só foi assumido, pública e definitivamente, no dia 10 de dezembro de 1948, quando a Assembleia Geral da ONU, através da Resolução 217-A(III), proclamou a *Declaração Universal dos Direitos Humanos*, a qual denomino *Declaração Universal dos Direitos da Pessoa Humana*.

Apesar da formalidade dessa tomada de consciência global, os males humanitários que levaram à *Declaração* continuaram presentes até mesmo entre os países que combateram tais males.

Da mesma forma que Hitler condenou os homossexuais marcando-os com o triângulo rosa, a Inglaterra de Churchill condenou um dos seus principais heróis, Alan Turing. O matemático e pai da computação, entre 1940 e 1941, desenvolveu a única tecnologia capaz de decifrar o código secreto de comunicação utilizado pelos nazistas, acelerando, assim, a derrota desses inimigos da humanidade; apesar do heroico feito histórico, em 1952, ele foi condenado por ser homossexual. Banido do seu trabalho e enviado à castração química, Turing, aos 41 anos de idade, optou pelo suicídio.

Se, na Inglaterra, essa condenação e o preconceito institucional estão no passado – o Parlamento do Reino Unido revogou o *Ato de Sodomia* (lei adotada em 1533 por Henrique VIII que condenava homossexuais ao enforcamento, pena capital que, a partir de 1861, passou a sofrer alterações até a castração química) em 1967, data a partir da qual o escritor Gore Vidal pôde revelar a identidade de *J. T.* (James Trimble III), o grande amor de sua vida, a quem dedicou seu romance *The city and the pillar*, de 1948 –, eles, seja *de direito* seja *de fato*, ainda assombram este mundo com vergonhoso vigor. É uma realidade de quase as todas *democracias* deste nosso tempo.

Os Estados Unidos da América, por exemplo, país cuja participação foi decisiva para a derrota do nazismo e o fim da Segunda Guerra Mundial, é apontado, por muitos desavisados, como o grande paradigma de civilização. Não passa, contudo, de um modelo bastante disruptivo.

Além dos homossexuais, já historicamente discriminados e, na década de 1980, propositadamente negligenciados diante da deliberação do Governo Federal por nenhum enfrentamento da AIDS, a população afrodescendente, concomitantemente, ainda era vitimada pelo racismo institucionalizado através das normas regulamentadoras dos programas governamentais de financiamento público de imóveis que lhe proibia comprar casas nas denominadas "vizinhanças brancas".

Apesar de omitida a palavra *raça* do discurso político, de maneira calculada, a segregação foi fomentada nos discursos do Presidente Ronald Reagan através das corriqueiras expressões *jungle paths*, *welfare queens* e *young bucks*, bem como em razão do seu constante apoio e apelo aos *States Rights* (os Estados devem ter plena autonomia para decidir sobre a *conveniência* – ou não – da integração racial dentro dos seus territórios). Embora a comoção mundial manipulada estivesse voltada apenas à África do Sul, o *apartheid* americano revela-se, sem corar, nas palavras do próprio Reagan:

> Sou contra o preconceito, mas também apoio os direitos de propriedade; e um dos direitos inerentes à propriedade é o direito de dispor dela da maneira que o proprietário achar conveniente, mesmo que isso signifique não vender para afro-americanos. Não acredito que possamos, sem comprometer seriamente nossas liberdades básicas, violar esse direito constitucional do indivíduo.[1]

---

[1] TYRNAUER, Matt (Dir.). *The Reagans*: control the myth and control the masses. Documentary series. USA: Showtime, 2020, part 2. (Tradução nossa).

DECLARAÇÃO UNIVERSAL DOS DIREITOS DA PESSOA HUMANA FORA DO ARMÁRIO

Ainda nesse país, também convém recordar a verdadeira *luta pelo direito de ser racista* na cidade de Yonkers (NY). Entre 1987 e 1989, a cidade resistiu à determinação da Justiça Federal para a integração racial através da construção de edifícios populares nos bairros exclusivamente "brancos", ordem que chegou a ser considerada por autoridades resistentes a ela como uma *trama hebraica contra os católicos cristãos* – em referência aos líderes integracionistas Oscar Newmann (arquiteto das habitações populares que beneficiariam a população afrodescendente) e Michael Sussman (advogado na NAACP-National Association for the Advancement of Colored People), ambos judeus.

A *anticivilização* se mostra também na redução da mulher perante o homem, na sua *reificação* (transformação em coisa, objeto de propriedade do homem). Para ficarmos no caso brasileiro, a mulher só se tornou juridicamente igual ao homem com o advento da Constituição da República de 1988. Antes dela, a situação jurídica da mulher evoluiu a passos lentos e demorados; o próprio ordenamento considerava a mulher menos capaz que o homem e, assim, validava uma ideia desde sempre anacrônica e odiosa, mas resistente por mais de 2 mil anos, qual seja, a *propter sexus infermitatem et forensium rerum ignorantiam* (doença própria do sexo feminino e intrínseca ignorância forense), conforme escreveu Cícero, meio século antes de Cristo vir ao mundo, em seu *De Finibus Bonorum et Malorum* (2,24,77).

Apesar da igualdade constitucionalizada em 1988, o direito brasileiro ainda tratou a mulher de acordo com a sua *casabilidade* por mais 17 anos: continuou a condenar com mais rigor aquele que lesionasse fisicamente, afeando-a, uma mulher "ainda capaz de casar"[2] ou, ainda, deflorasse injustamente esse mesmo *tipo* de mulher[3], bem como manteve como causa de anulação do matrimônio a falta da virgindade feminina[4] – a mulher solteira e não virgem carregava, conforme as nossas leis até recentemente,

---

[2] BRASIL. Código Civil de 1916, art. 1.538, § 2º (vigente até 2002).
[3] Ibidem, art. 1.548.
[4] Ibidem, art. 178, § 1º.

um "erro essencial"[5]. Essas regras foram revogadas com a entrada em vigor, no ano de 2003, do atual Código Civil brasileiro; mas foi somente em 2005 que a mulher atingiu plena igualdade jurídica à do homem: nesse ano, foi revogado o entendimento legal de que, para ser honesta, a mulher deveria ser virgem, recatada e do lar[6].

Em resumo, seja ela institucionalizada seja, simplesmente, tolerada, a discriminação evidencia o rompimento humano com a civilização e representa indelével afronta ao conteúdo da *Declaração Universal dos Direitos*, que prestigia e protege cada *pessoa humana*, sem exceção, para que viva em paz e, também, fora do armário... como hétero, homo, trans, homem, mulher, católico, protestante, candomblecista, ateu, agnóstico, branco, preto, indígena, liberal, conservador, progressista etc..

Toda cultura coloca o indivíduo em um armário e, assim sendo, todo confronto entre culturas nada mais é do que um confronto com a finalidade de declarar um armário vencedor – quer dizer, é uma luta pelo monopólio da violência. Só o ardor criativo civilizacional liberta o indivíduo, porque ao indivíduo somente é permitida a saída de toda sorte de armário no âmbito da civilização. Uma vez que a *Declaração* de 1948 é a melhor expressão encontrada da civilização ao longo de toda a História, ela representa, verdadeiramente, a civilização que sai do armário de maneira ruidosa e se assume para que todas as pessoas se assumam e saiam, se e quando quiserem, de seus armários... por tudo isso, é a *Declaração Universal dos Direitos da Pessoa Humana Fora do Armário*.

---

[5] Ibidem, art. 219, IV.

[6] A Lei 11.106, de 28 de março de 2005, alterou, entre outros, o artigo 215 do Código Penal brasileiro que ainda falava da "mulher honesta".

de•cla•ra•ção

Ação ou efeito de declarar, anunciar, revelar, proclamar a fim de explicar, esclarecer, registrar, publicar, estipular... ou, em resumo, assumir.

Existe um velho aforismo no Direito Canônico de autoria do Papa Bonifácio VIII (*Liber Sextus Decretalium* 5,12,43) que diz: *"qui tacet consentire videtur"* (ou, na sua forma popular até os dias de hoje, *quem cala consente*). Muito embora, particularmente, eu prefira uma sentença mil anos mais velha do jurisconsulto romano Paulo (*Digesto* 50,17,142), qual seja, *"qui tacet non atque fatetur, sed tamen verum est eum non negare"* (quem cala, certamente, não confessa; mas também é verdade que não nega – enfim: quem cala, cala), qualquer uma dessas disposições evidencia a importância de uma declaração. Qualquer coisa, inclusive a civilização que não se assuma e não se declare, fica sujeita à inexistência ou a uma incompreensão intransponível que origina especulações e, por obra da ignorância ou da má-fé (duas vertentes da estupidez humana que insiste em nos rodear), a desnatura (outra hipótese de inexistência).

A declaração afasta a negativa da existência, uma vez que ela é a manifestação de uma realidade, a sua fenomenização, a sua prova neste mundo, de maneira que, explicitada, visível e não mais passível de ser ignorada, impõe-se como elemento a ser observado, refletido e, longe das especulações, assimilado na vida de relação entre todas as pessoas.

Viver, afinal, é existir fora de si; é executar a essência pessoal externando-a, de modo que a declaração é o desenvolvimento da existência nos planos individual e coletivo e, sem ela, tornam-se improváveis tanto o reconhecimento quanto a dignidade.

u•ni•ver•sal

Ao iniciar uma palestra em 2015, o escritor israelense Amós Oz fez uma provocação interessante:

> Faz muitos anos que eu acordo às quatro horas da manhã. Uma caminhada antes do amanhecer põe muitas coisas em seu devido lugar. Se nas notícias da noite da anterior, por exemplo, um político usar expressões do tipo "para todo o sempre", "por toda a eternidade", ou "jamais, em 1 milhão de anos", poderei ouvir, às quatro da manhã, as pedras no deserto ou as estrelas sobre o parque da cidade rirem, silenciosamente, da percepção que esse político tem sobre o tempo.[7]

Confesso que a palavra *universal* me provoca a mesma reação que a palavra *eternidade* causa nas pedras do deserto de Amós Oz, porque parece estar impregnada de um pernosticismo etnocêntrico antropocentrista com perfume de naftalina que pretende subjugar todo o Universo, espaço em constante descoberta e, por isso, desconhecido em sua inteireza, dentro do qual, é certo, temos a grandiosidade de um grão de areia. É por essa razão que, quando ouço alguém falar em *universal*, vejo-me como o principezinho de Saint-Exupéry diante do megalomaníaco rei com seu manto de arminho sentado em um planetinha minúsculo de onde imagina reinar sobre absolutamente tudo na qualidade de monarca universal.

Se as mais recentes descobertas científicas estimam que o Universo, ainda predominantemente misterioso, tenha cerca de 13,8 bilhões de anos e a Terra, 4,5 bilhões – enquanto a aventura humana neste planeta não tem mais de 2 milhões –, essa primeira percepção do significado da palavra *universal* não pode guiar qualquer intérprete que se disponha a pensar questões sociais e

---

[7] OZ, Amós. *How to Cure a Fanatic*: Israel and Palestine: Between Right and Right. Princeton: Princeton University Press, 2010, pp. 5-6. (Tradução nossa).

jurídicas. Logo, ao qualificar *Declaração, Universal* quer dizer *dentro do universo dos seres humanos,* ou seja, que ela compreende todos os seres humanos na face da Terra (o universo humano), que se estende a todos e é aplicável a todos nós, seres humanos, sem exceção de ninguém, em qualquer lugar deste planeta.

Portanto, na qualidade de universal, a *Declaração* se destina a todos os governos de todos os países e lugares sem nenhuma exceção. Como já afirmei anteriormente, se a *Declaração* de 1948 é a melhor expressão da civilização encontrada ao longo de toda a História e se ela é *Universal* (porque a civilização é universal à humanidade), um país ou lugar será mais ou menos civilizado – ou não será civilizado – conforme o nível de sua observância e do seu compromisso com a implementação e a eficácia dos seus dispositivos dentro do seu território, bem como diante dos números de excluídos e marginalizados do gozo desses enunciados na sua integralidade.

Disso decorre que a plenitude da civilização, que é – insisto – universal, dependerá da inexistência de exclusões pessoais, o que requer a constante integração de todo indivíduo ou grupo de indivíduos marginalizados.

A civilização não comporta discriminações pessoais nem discriminações entre discriminações que levam à institucionalização da defesa específica de determinada discriminação decorrente de motivo específico em detrimento das demais formas de discriminação (*discriminação privilegiada* que não passa de discriminação). Uma lei, por exemplo, que puna a discriminação de pessoas dentro de quesitos específicos (é o caso da lei brasileira sobre racismo que fala em cor, etnia, religião etc.[8]) é uma legislação discriminatória, já que rebaixa todas as demais modalidades de discriminação por preconceito não inseridas no texto da norma.

Em suma, a civilização, porque é universal, não admite, em absoluto, nenhuma forma de discriminação pessoal.

---

[8] BRASIL. Lei 7.716, de 5 de janeiro de 1989, art. 1º: Serão punidos, na forma desta Lei, os crimes resultantes de discriminação ou preconceito de raça, cor, etnia, religião ou procedência nacional.

Rompido o cordão umbilical, como qualquer outro animal no solo deste mundo, o ser humano não tem direito a nada. Seria inútil pensar no direito à vida sem roupas, pois, nu, não suportaria as quatro estações do ano; mesmo vestido, morreria de fome se não se esforçasse física e intelectualmente; sem armas, seria refeição de animais mais ferozes ou escravo de outros humanos. Através do instinto, como qualquer outro ser do reino animal, viver significaria somente sobreviver.

É como membro de uma comunidade que o ser humano se desenvolve e é nas comunidades que o fenômeno do Direito começa – de modo demasiado primitivo, incipiente e muito distante, em escala temporal, da sua realização efetiva – a despontar: protegido por um líder, o ser humano deve obedecer a suas regras. Embora fossem, essencialmente, apenas deveres, são essas regras que dão início à longa caminhada da humanidade para o Direito e, por isso, é necessário, antes, parar para pensar sobre a origem dessas regras – que, decerto, se confundem com a origem das comunidades.

Na atual Turquia, na divisa com a Síria e aninhada entre os rios Tigre e Eufrates, encontram-se os vestígios de Urfa, turisticamente chamada de *Jardim do Éden*. Ali, estão enterrados os restos do primeiro templo religioso do qual se tem notícia – embora as marcas da religiosidade humana sejam muito mais antigas de acordo com as inúmeras descobertas arqueológicas que revelaram pinturas rupestres "sagradas" encontradas em criptas de todos os mais distantes continentes. Estima-se que as obras de Göbekli Tepe tiveram início durante o final da última Era do Gelo, coisa de 15 mil anos atrás. Mais importante que a existência de um templo pré-histórico aparentemente não habitado, foi a descoberta das aldeias a ele contemporâneas, todas espalhadas ao longo de um raio de 150 quilômetros a partir desse templo.

Ou seja, já no final do paleolítico, cerca de 5 mil anos antes do período neolítico (até então, conhecido pela sedentarização dos seres humanos), encontramos a formação de comunidades ao redor de um templo religioso não habitado e, provavelmente, ecumênico. Seus glifos ainda não foram decifrados, mas impressionam sobremaneira as imagens encontradas de deuses sem rosto. No mais, para que pudesse ser erguido, obviamente, o trabalho demandou esforços conjuntos de um número significativamente inimaginável, à época, de mão-de-obra *qualificada* e demandava, certa e continuamente, outros esforços conjuntos para a sua manutenção.

É através de Göbekli Tepe, portanto, que se evidencia o intercâmbio entre comunidades (muito provavelmente com crenças e regras diversas; possivelmente conflitantes), fato que somente seria possível – e que, ainda hoje, só é possível – mediante o respeito recíproco (respeito entre as religiões divergentes inclusive).

Logo, se a origem da comunidade se identifica com a origem das regras (que são, essencialmente, deveres), é válido argumentar, a partir dos elementos pré-históricos conhecidos na atualidade (as pinturas rupestres mencionadas), que as regras tenham surgido através da religião (palavra que utilizo, aqui, em sentido amplíssimo). Por outro lado, uma vez que não se pode concluir, pela ausência de registros, que as regras fossem mais que deveres (de forma que toda eventual garantia poderia ser anulada ou, seletivamente, negada pela liderança comunitária), é mais provável que o fenômeno do Direito tenha, pela primeira vez, se revelado à humanidade a partir da interação pacífica entre culturas (comunidades) diversas com regras distintas, uma vez que a construção, a manutenção e a frequentação de um mesmo templo que a todos atendia na diversidade de suas crenças só seria possível através da observação de um valor maior, de uma lei (mesmo não escrita) que, simultânea e indissociavelmente, impunha a todos, sem exceção, uma obrigação (respeitar) e uma garantia (ser respeitado).

Em outros dizeres, foi através da convergência entre culturas que o Direito se revelou para a humanidade. Nesse sentido, se a civilização opera integrando culturas, o Direito, via de consequência, é expressão da própria civilização na medida que pode ser entendido como instrumento, um meio para a comunhão das diferenças, para a reciprocidade do respeito.

O Direito vem ao mundo da mesma maneira que a pessoa humana; são três fases fundamentais: (*i*) uma *fase embrionária*, na qual a ideia de organização social fecunda a regra que só obriga (por exemplo, quando as regras de subserviência ao líder são entendidas como essenciais à subsistência da comunidade); (*ii*) no processo evolutivo, uma *fase fetal*, quando surge um *quase--direito*, em que a ideia de Direito começa a moldar a regra que, agora, somente obriga porque, antes, protege (regra imposta por uma liderança que oferece vantagem mais atrativa que a mera subsistência; da subsistência à sobrevivência, tal vantagem se apresenta como fundamento da obrigação, ou seja, o sujeito só a cumpre mediante concessão anterior da vantagem); e, por fim, (*iii*) a *fase corporal*, na qual o Direito, como o ser humano, evolui aos poucos até alcançar a sua essência, a sua maturidade (excelência essencial), quando, simultaneamente, protege e obriga a todos, sem exceção, porque a todos reconhece a mesma grandeza existencial – na História, esse período de excelência torna-se possível somente a partir do desenvolvimento do conceito da personalidade pelo cristianismo, mas somente estará completo quando verificadas, de fato, a liberdade e a igualdade jurídicas para todas as pessoas conforme a *Declaração Universal dos Direitos da Pessoa Humana*.

O Direito, então, é representativo da superioridade da civilização à cultura, porque ele é evidente evolução da regra: da mesma forma que a regra, o Direito obriga, mas só o Direito, essencial e indissociavelmente, garante e protege no mesmo ato em que obriga – garantias e proteções de uma regra ou são meras cortesias do soberano ou serão, oportunamente, cobradas ou, ainda, poderão ser suspensas. Uma cultura pode existir somente através das regras, mas nenhuma civilização se sustenta sem o Direito, que instrumentaliza a recíproca reverência de grandeza transcendental da pessoa humana.

Um aluno de Direito com o intuito de, tecnicamente, conceituar o seu objeto de estudo poderá fazê-lo através dos três preceitos de Ulpiano[9]: *o Direito é o conjunto de normas através das quais o indivíduo se obriga a viver honestamente, não lesar ninguém e dar a cada um o que é devido, de modo que, fazendo-o, tenha a sua vida e integridade física, bem como as suas relações e propriedades protegidas contra qualquer ofensa.* No entanto, não será suficiente para o pensador do Direito, pois, sem o reconhecimento da sua transcendentalidade, o Direito não passa de mera cortesia de um soberano – livre para discriminar ou, pela força, exigir somente deveres sem garantir nada em troca (algo que, infelizmente, acontece até os dias de hoje).

Assim, para Carnelutti, a razão do Direito está no combate ao caos, de maneira que, na falta do amor ao próximo neste plano (regra moral da civilização), o Direito deve servir como seu substituto[10]. Ouso discordar.

Primeiro, porque o simples combate ao caos é também, antes do Direito, o fundamento das regras. O Direito, superior à regra, repousa no respeito ou, no mínimo, na tolerância recíprocos. Pode existir respeito às regras, ou seja, respeito sem Direito, mas não há Direito sem respeito; só regras. Em segundo lugar, a sentença sobre a falta de amor também se refere às regras, que podem, com eficiência inclusive, produzir a aparência do amor. Todavia, não é certo dizer que o Direito seja substituto da Moral: eles são insubstituíveis, porque, se a regra moral da civilização é o respeito recíproco, a Moral é um bem, ao passo que o Direito, não sendo um bem diferente ou similar, é o instrumento concretizador da Moral – a verdadeira Moral (e não a moralidade que não passa de "moral" identitária e se transforma em moralismo). Ou seja, o Direito existe em razão e em função desse bem que é a Moral e com o qual ele não se confunde.

Assim, na falta da Moral, que é o respeito recíproco, a ameaça instrumental do Direito deve provocar a tolerância (que, no silên-

---

[9] *Iuris præcepta sunt hæc: honeste vivere, alterum non lædere, suum cuique tribuere* (Os preceitos do Direito são estes: viver honestamente, não lesar ninguém, dar a cada um o que é seu).

[10] CARNELUTTI, Francesco. *Come nasce il Diritto*. Roma: Rai, 1955, pp. 15-20.

cio dos tolerantes, produz o mesmo resultado do respeito); mas é na insuficiência dessa ameaça, ou seja, no desrespeito confirmado, fenomenizado através do ato de intolerância, que a peculiaridade da sua essência própria se desvela, pois, não podendo haver Moral imoral (respeito que despreza), o Direito é, racionalmente, o desprezo ao desprezo, a intolerância à intolerância.

Se a universalidade moral só pode ser transcendental (e justa é a situação material que atenda ou aparente atender o imperativo moral), ou o Direito tem origem no mesmo plano transcendental ou não podemos cogitar de direitos fundamentais universais. No entanto, apesar de engendrado no mesmo plano que a Moral, estipuladora do bem (para o nosso bem), o Direito com ela não se confunde, porque é imperativo do respeito recíproco – e, na qualidade de imperativo, define o bem e o mal (respectivamente, o respeito e o desrespeito à autonomia existencial do ser aferrado ao transcendental). Logo, se a Moral informa o bem, resta que o Direito seja o mal – afinal, ou ele ameaça ou ele castiga. Mas dizer que o Direito é um mal não basta, porque é definição incompleta.

Se o mal é, como vimos, imoral e, assim sendo, só pode produzir desrespeito, o Direito, como mal, é uma singularidade. É, nesse sentido, um mal *sui generis* que não se compara ao mal da situação intolerante, porque é, necessariamente, um mal retributivo e, em razão dessa característica essencial, repele toda banalidade. Mas o predicado *retributivo* desse mal só o livra de ser injusto mediante duas outras condições: não basta que ele seja um mal que responda ao mal, o Direito deve ser um mal reflexo do mal anterior e, como em um espelho, é um mal não só justificado, mas também, naturalmente, ajustado pelo mal que ele reflete – isso quer dizer que o mal representado por uma norma só será considerado um mal justo (um direito) quando justificado (retributivo) e ajustado (reflexo) pelo mal do desrespeito (injusto); caso contrário, será regra (e, também nisso, o Direito se diferencia da regra). O Direito é a promessa e a materialização do mal diante do mal; é, na essência, a intolerância à intolerância.

O Direito, ainda, anuncia e garante a racionalidade existencial, uma vez que o bem é condição para o bem e que o resultado do mal sempre será o mal. Por isso é que o Direito obriga e garante: obriga ao bem para garantir o bem. Uma vez que *obrigar* é *impor* e, se uma imposição só se faz necessária diante da contrariedade, a imposição é um mal, pois desrespeita a vontade. Mas essa imposição só existe diante do mal, o que faz do Direito um mal em razão do mal. Ademais, por se tratar de imposição ao bem, não será uma imposição (um mal) para a pessoa boa que pratica o bem, pois em nada contrariará a sua vontade; ou seja, o Direito só é um mal para quem pretende ou pratica o mal – e, bem ensina Amós Oz, "aquele ou aquela que não souber distinguir entre as diferentes gradações do mal, poderá, involuntariamente, tornar--se um servidor do mal."[11]

O Direito, repito, só ameaça e só castiga o desrespeito e, assim, dá aos homens sem razão (respeito), a alternativa da tolerância. Ignorada essa alternativa, ou seja, diante do desrespeito concretizado, o Direito serve de *ajuste*, revelando-se por completo como o mal retributivo do mal que o justifica e o ajusta; ele é o mal racional que se choca com o mal irracional a fim de, como nas equações matemáticas, neutralizar todo o mal e garantir o bem ao longo da claudicante evolução da raça humana. O Direito é o fenômeno que despe e afasta do mal o ser humano para que se realize como pessoa.

Havendo Direito neste mundo fenomênico, sua excelência se mede pela distância que guardar da regra, que se impõe, exclusivamente, pela força, pela violência tanto ao homem bom quanto ao mau. Nesse sentido, observar a evolução do Direito em determinado ordenamento jurídico – e, portanto, analisar a evolução da civilização humana – é, em última análise, avaliar o emprego da violência: quanto menor, quanto mais ajustado e justificado, mais próximo do Direito ideal... e falar em ideal é falar, inescapavelmente, em transcendental.

---

[11] OZ, *op. cit.*, p. 15.

Também não escapam do transcendental aqueles que recorrem à metafísica para naturalizar (ou humanizar) o Direito, pois, ao fim e ao cabo, transcendentalidade e metafísica são sinônimos (guardam uma pequenina diferença que revelarei adiante), haja vista que ambas podem ser apresentadas, em resumo, como *a última razão que existe para que tudo seja justificado, mas que não se justifica nem se limita até o limite da contradição.* Nesse sentido, ao tratar da metafísica, Ortega y Gasset sentencia como falsa qualquer conclusão sobre ela[12], uma vez que, se a verdade é "aquilo que aquieta uma inquietude de nossa inteligência", "uma verdade não existe propriamente senão para quem tem necessidade dela" e, portanto, "a metafísica não é metafísica senão para quem necessita dela."[13]

Transportando essa verdade para a análise ontológica do Direito, acreditar-se titular de direitos nada mais é do que uma questão metafísica, porque revela uma convicção que nos orienta e dignifica. Mas, neste plano, a confirmação dessa convicção metafísica exige, para que seja válida, uma outra convicção, qual seja, a "de que outros têm essa convicção"[14]. Caso não exista essa dupla convicção, estaremos diante de uma metafísica fictícia, falsa.

Nesse sentido, sem metafísica não pode existir Direito, porque é arte da razão, que é atributo exclusivo do ser humano, cuja vida, ainda nas palavras de Ortega y Gasset, "é, antes de tudo, deparar-se com o futuro. Não é o presente ou o passado a primeira coisa que vivemos, não: a vida é uma atividade que se executa para adiante, e o presente ou o passado se descobre depois, em relação com esse futuro"[15]. Vida humana e Direito se entrelaçam nesse aspecto: ambos são fenômenos do tempo passado ou presente para realização futura; ambos existem agora em função do depois – o Direito de hoje se realiza nas demandas de amanhã, que é o

---

[12] ORTEGA Y GASSET, José. *Lições de metafísica*. Trad. Felipe Denardi. Campinas: Vide Editorial, 2019, p. 13
[13] Ibidem, p. 15.
[14] Ibidem, p. 39
[15] Ibidem, p. 54.

momento da interação decorrente das intenções (ou das falhas das intenções) pessoais de hoje.

Ademais, metafisicamente, seja na vida de relação (e realização) humana seja na aplicação (e realização) do Direito, "eu" deve ser sinônimo de "outro(s)", de maneira que "nos deparamos com a desopilante evidência de que a homogeneidade de conceito implica, neste caso, a heterogeneidade de *ser*"[16]. Desse modo, na qualidade de agente da limitação homogênea que protege a heterogeneidade dos sujeitos nas suas relações, ao Direito se impõe o complexo desafio da vida humana, que é, necessariamente, vida de relação e de realização. Em outras palavras: o Direito é o instrumento que capacita todos os seres humanos às relações e realizações pessoais em meio a todas as outras pessoas e, porque é instrumento de todas as pessoas, deve, simultânea e indissociavelmente, proteger/garantir e limitar/obrigar (não pode proteger sem limitar nem pode obrigar sem garantir) – caso contrário, só existirá regra.

Sob outro prisma, uma vez que a metafísica está nas convicções personalíssimas, ela se confunde com a ética. Composta do conjunto de convicções personalíssimas de um sujeito, a ética será falsa quando não for autônoma, profunda e não resistir à argumentação racional. Se ser ético é respeitar as próprias convicções, decorre que o respeito próprio somente pode ser alcançado a partir de uma ética verdadeira. Logo, porque a vida humana é vida de relação (e realização), aquele que se respeita pretende externar a sua ética (elemento intrapessoal), realizá-la. Assim, se cada um pretende externar a própria ética na vida de relação, deparamo-nos com a necessidade de converter um elemento intrapessoal em ato interpessoal. Essa conversão é realizada pela moralidade, elemento também personalíssimo e que auto orienta a conduta individual a partir da sua ética, ou seja, elege os meios de interação na vida de relação da pessoa consciente da ética do outro, porque deseja realizar a sua essência, a sua ética, sabendo que o outro tem igual intenção. A moralidade, então, provém da

---

[16] Ibidem, pp. 80-81.

ética, que é intrapessoal, mas se realiza interpessoalmente, o que nos permite concluir que a moralidade é instrumento da ética.

Ora, a relação entre ética e moralidade parece idêntica à relação entre Moral e Direito: ao passo que a moralidade realiza o metafísico, o Direito realiza o transcendental. Mas, se ética e moralidade são fenômenos metafísicos, ou seja, fenômenos solitários, as discordâncias entre moralidades serão inevitáveis. A solução, portanto, deve ser, necessariamente, transcendental, que, em razão da sua universalidade, se diferencia do metafísico. Diante disso, o conflito deve ser resolvido através do Direito, que atua para sintonizar as moralidades oriundas de éticas dessintonizadas com a Moral – que se revela, portanto, parâmetro de validade ética.

Como fazer metafísico das pessoas, um ordenamento jurídico tanto mais poderá ser chamado, propriamente, de Direito quanto mais absolutas (e morais) forem as éticas dessas pessoas, e, consequentemente, mais harmônicas as moralidades (fenômeno que revela a ética). O Direito, assim, é meio para a convergência universal do *dever ser* a fim de possibilitar a diversidade universal do *ser*.

O Direito se constrói em um mundo próprio e, por tal motivo, nem toda norma positivada pela política, apesar da forma de lei, terá a essência do Direito, de modo que a política e o Direito devem saudar-se em um projeto comum de bom governo, no qual o Direito não pode ser prisioneiro de ocasiões ou interesses para a satisfação de interesses puramente particulares. No atual contexto secular de modelo laico, as normas coincidem com o Direito de acordo com a realidade circunstancial de cada tempo; ou seja, para que uma norma tenha a essência do Direito, deve atender à condição de atualidade dos dados da realidade construídos a partir da ciência e da tecnologia, condição essa que, constantemente, muda o senso de apelo ao Direito e às formas de regulação jurídica, bem como representa um novo desafio decorrente de uma difusa e persistente dificuldade social em metabolizar as inovações científicas e tecnológicas e, a partir delas, projetar a pessoa a fim de que reste, moralmente, protegida. Diferenciar normas e

Direito é atividade essencial para que exista Justiça, que pode ser definida como "situação, contexto da Razão".

Para que seja, essencialmente, Direito, uma norma jurídica deve ser avaliada não somente através da materialidade das relações sobre as quais incidir e das limitações que, de fato, provocar na liberdade e na igualdade das pessoas nessas relações, mas também acerca da sua oponibilidade ao desdobramento da personalidade, à plenitude da vida. Caso seja obstáculo divorciado da realidade e do valor do respeito recíproco, essa norma deve ser removida do ordenamento.

Portanto, penso no Direito como *um mal que tem o perfume do bem*, que é agradável (ou imperceptível) aos honestos, mas fétido aos injustos que apreciam somente o próprio cheiro. Materializado nas leis da civilização, limita – sempre de forma igual, ou seja, sempre em razão do dano ou do risco de dano (desrespeito) – as liberdades existenciais diversas para garantir – com a mesma igualdade (com o mesmo respeito) – a existência diversamente livre de todos.

Em resumo:

(a)   o **Direito** (*garantia do respeito através da ameaça de punição e da concretização dessa punição à expressão do desrespeito*) é

(b)   instrumento da **Moral** (*condição do respeito recíproco*), que, por sua vez, é

(c)   o imperativo da **Razão** (fundamento de toda existência que, mesmo desconhecido, somente existe porque respeita a fundamentalidade da sua própria existência e, por esse motivo, não permite à humanidade nenhuma outra definição que vá além de "aquilo que existe, que tudo pode e que apenas deve respeitar a sua existência e o seu poder, de forma que o seu poder não anule a sua existência nem a sua existência reprima o seu poder" – em resumo, *Razão é respeito*), que é (*d*) o pressuposto indispensável para que qualquer contexto, condição e situação sejam considerados justos, ou seja, é o próprio valor da **Justiça** *(situação lógica, contexto racional)*, bem como é

(*d*) qualidade intrínseca, a principal característica da **Pessoa** (e porque a Razão é indescritível em sua inteireza, a principal característica da pessoa é, na verdade, uma obrigação, um dever e, por essa razão, basicamente, *a pessoa é aquilo que respeita a pessoa*).

pes•soa hu•ma•na

Pessoa e *ser humano* não são sinônimos. Conforme salientei no início do verbete anterior, o *ser humano* não é titular de direito nenhum na natureza (no ambiente natural); não pode ter, assim, direitos naturais ou fundamentais (que decorram da natureza do ser vivente em meio ao ambiente natural). Somente a *pessoa* pode, propriamente, ter direitos fundamentais; portando, ao ser humano somente se atribuem esses direitos a partir do reconhecimento da sua personalidade (atributo que faz do ser humano *pessoa humana*). Que é, então, *pessoa*?

Pessoa tem origem na palavra latina *persona*. Não é vocábulo exclusivo nem da língua portuguesa, *última flor do Lácio*, nem dos demais idiomas provindos do latim, pois também se faz presente em outros de ascendências distintas que, na adoção desse ente denominado *pessoa*, cederam à influência romana, como nos casos do inglês (*person*) e do alemão (*personen*).

Na qualidade de língua germânica, o inglês guarda estreita relação com o alemão, que, por sua vez, descendente germânico das línguas indo-europeias (todas descendentes do sânscrito), cedeu também ao grego e ao latim (também elas com o mesmo antepassado, o sânscrito). Contudo, a maioria das línguas germânicas, a exemplo de outros idiomas com outras diferentes matrizes, não conta com uma palavra que, tal qual *pessoa*, exista *a latere*, ou seja, como sinônimo de *ser humano*. No dinamarquês e no norueguês, por exemplo, fala-se *mennesker*, que é derivado de *menneske/mennesk* (ser humano/humano), construído a partir de *menn* (homens); no sueco, o mesmo ocorre com *människor* – palavras bastante similares à nepalesa मानिसहरु (*mānisaharu*), que guarda uma relação ainda íntima com o sânscrito.

Personen se assenta no alemão a partir do Sacro Império Romano-Germânico que introduziu, em território germânico, o Direito Romano – definitivamente adotado no século XVI em detrimento dos chamados *direitos dos povos germânicos*. De fato, a compreensão que temos de *pessoa* através dos séculos (*pessoa como pessoa humana*) vem de Roma. Essa herança ressignificou, em todas as democracias do mundo moderno (mesmo nos países que desconhecem essa palavra diferenciada para "homens"), o *ser humano*.

Mas, afinal, qual é o significado de *pessoa*?

Já no primeiro semestre da graduação em Direito, fui ensinado que *persona* significa *máscara*. Todos os livros de direito civil, dos clássicos aos mais recentes, fossem escritos pelos mais renomados juristas ou por meros autores *esquematizadores*, repetem, ainda hoje, uma velha lição que é endossada pelos Professores nas salas de aula: *pessoa deriva do termo latino persona, que era a máscara de teatro usada pelos atores em Roma, motivo pelo qual falar em personalidade dos homens é reconhecer a capacidade de cada pessoa para viver os mais diversos papéis sociais ao longo da sua vida.*

Nunca me contentei com essa explicação. Hoje, quase duas décadas depois dessa minha primeira lição no Largo São Francisco, descobri que ela é inexata e provém de uma incompreensão promovida (e, até hoje, replicada) na metade do século II pelo jurista, escritor e gramático latino Aulus Gellius na sua obra de 20 volumes *Notti Aticæ* (5,7). *Persona*, inegavelmente, entrou para o vocabulário latino com o significado de máscara. Contudo, essa definição não é o seu primeiro nem mais importante significado; ela não passa de um conceito posterior, tardio, vulgarizado e mais popular à época da sua incorporação no latim; uma definição oriunda do paulatino corrompimento do seu significado original. Ou seja, apesar de também significar máscara, *persona* não surge em razão da farsa e da tragédia – e ignorar essa realidade é prestigiar uma farsa que sempre sustentou as mais diversas tragédias humanas. *Persona* foi, desde séculos antes do teatro, artefato ritualístico (religioso) nas festividades dionisíacas.

Palavra latina originado do vocábulo grego πρόσωπον (*prosōpon*), nunca foi usada para se referir ao ser humano [ἄνθρωπος (*anthrōpos*)], uma vez que, na origem, *prosōpon* significa *pessoa divina* (um pleonasmo meramente elucidativo, pois dizer pessoa é dizer *divindade, deus*); *mutatis mutandis*, um ser humano não poderia ser, por definição, pessoa. *Prosōpon*, por sua vez, deriva do etrusco ⅤⵒꓕⱯⲪ (lê-se, da direita para a esquerda, *phersu*), a máscara usada pelos homens em cerimônias de veneração selvagem nas quais vestiam pele de fera e manto de herói. Por fim, *phersu* encontra seu ancestral mais remoto no sânscrito पुरुष (*puruṣa*): Cerca de 2 mil anos antes dos etruscos, os *Ārya* (sobre os quais discorri na primeira parte deste livro) chamavam tanto os criadores do primeiro deus (os sete *ṛṣi*, os sopros vitais divinos) quanto este deus criado e criador de todas as criaturas deste mundo (*Prajāpati*) de *pessoas* – conforme o mais antigo documento da humanidade, ao perceberem que, sozinhos, não eram capazes de gerar coisa nenhuma, os sete *ṛṣi* fizeram de suas sete pessoas separadas uma só Pessoa[17].

Por último, ao realizar uma visualização espelhada, provoca-me a inegável semelhança que existe entre a grafia do termo hebraico para "a face de Deus" e a palavra pessoa em sânscrito:

$$\text{פָּנִים} \mid \text{पुरुष}$$

Portanto, defendo que o significado de pessoa não pode ser reduzido, etimologicamente, ao bem material que é a máscara e, por esse motivo, não deve ser aplicado, transferido ao ser humano como metáfora jurídica – conforme tem sido feito ao longo de quase 2 mil anos. Nada tem a *pessoa* de material (nem de físico); ela é ente puramente imaterial, transcendental, intangível, extrafísico. Tanto é verdadeira essa noção que a palavra *persona* sequer ingressou no vocabulário latino por obra e graça do Direito Romano.

Fora do âmbito jurídico, p*ersona* surge, no latim, para designar, além das máscaras teatrais, os prédios oficiais, as institui-

---

[17] *Śatapatha Brāhmana* VI,1,1,1-3, p. 143. Disponível em: <https://vedicheritage.gov.in/flipbook/Shatpatha_Brahmana_Mandhyandina_Vol-I/#book/145>. Acesso em 19 jun. 2022.

ções e corporações imperiais, de maneira que, num Império onde Césares são deuses, esses entes públicos, *longa manus* (braços, extensões) que são do César, não poderiam ser denominados de modo mais adequado – e convém não cometer um erro tentador: como corporação pública, como instituição representativa da graça do César (que, se ainda não foi deificado em vida, o será após a sua morte), ente divino (portanto, *persona*), o termo não guarda nenhuma relação com o que entendemos, hoje, por "pessoa jurídica" (nem de direito público nem privado), cumprindo acrescentar ainda que, no início, o Direito Romano jamais utilizou o vocábulo *persona* para qualquer ente abstrato identificado com o nosso conceito de pessoa jurídica (empresa). *Persona* ingressou no léxico jurídico tardiamente, momento em que já identificava o ser humano.

O primeiro divisor explícito entre os seres humanos e todos os outros seres viventes neste mundo de que se tem registro é um elemento sacro introduzido no direito hindu: a ligação da inteligência, ente imaterial interno, espírito denominado *Jīva* – que parte do *Mahat* (*consciência universal*) presente em todos os seres animados – com a alma (*Kshetradjna*, princípio vital motor do corpo humano), que, unidas aos cinco sentidos (tato, visão, audição, olfato e paladar), mantêm um estreito laço com a Alma Suprema (*Paramātmā*) – ou seja, aquilo que a Filosofia Ocidental denominará, muito mais tarde, de alma racional e Razão. Esse esquema encontra-se previsto, desde o século XIII a.C. até hoje, no Código de Manu, que, em seu versículo 14, atrela-o ao corpo humano para fundamentar condutas e castigos. Desde os hindus, ao menos, o ser humano participa, oficial e ativamente, da transcendentalidade.

Dizer que *pessoa* vem de *máscara* é se deixar enganar por uma *semântica estrutural diacrônica*: artefacto sagrado na origem próxima (pois, na análise mais remota, significa tão somente "ente sagrado, divindade, deus"), o termo *pessoa* (a *phersu* etrusca) teve o seu significado transladado para a *máscara* (o objeto *prosōpon*) através de *metonímia*; quer dizer, a identificação do conteúdo (a *phersu* divinal) pelo continente (o objeto *prosōpon*) a partir da tragédia – reforçada pela religião olímpica ateniense (raquítica em fervor se comparada aos orfismos e pitagorismos campestres) – fez com que, paulatinamente, fosse esquecido o conteúdo.

De qualquer maneira, juridicamente, o termo *persona* somente passou a identificar (também) o ser humano no âmbito do Direito Canônico. Se a noção de *humanitas* penetrou os ordenamentos jurídicos ocidentais por intermédio do Edito de Milão no ano de 313, foram os princípios sociais do cristianismo os fatores mais importantes na evolução do Direito, bem como foi a sua teologia que dotou de conteúdo transcendental o ser humano, elevando-o como pessoa.

No Século XIII, durante o Papado de Inocêncio IV (1243-1254), foram colocadas, lado a lado, a pessoa natural e – maior contribuição da Igreja para o direito comercial – a pessoa jurídica, que restou, por fim, documentalmente (juridicamente) criada. Em diversos trechos da Bula *Ad Apostolicæ Dignitatis Apicem* (através da qual o mencionado Sumo Pontífice depôs o Sacro Imperador Frederico II em 17 de julho de 1245), *persona* aparece ao lado de *persona ecclesiastica*, bem como, na década seguinte, *persona* é o termo utilizado, na *Epistola Sub Catholichæ Professione* de 6 de março de 1254, para se referir, expressamente, ao homem e à mulher comuns (*"contrahi matrimonia inter personas"*, diz o texto). Antes disso, não se tem notícia de documento jurídico com força de lei que reconhecesse a todos, homens e mulheres, a condição de *persona*. Mais tarde, no século XVII, a *pessoa* se atrela à concepção de direito subjetivo a partir da obra *Comentariorum Juris Civilis Libri* de Hugo Donellus.

Em suma, mesmo que *persona* surja no vocabulário latino como *máscara* ou, abstratamente, como os papéis sociais que os cidadãos romanos assumem em diferentes ocasiões – e já dizia Cícero: *unus homo multas personas sustinere potest,* ou seja, um só homem pode ter muitas *personas* –, foi a ótica cristã mais tardia que possibilitou a subsunção do ser humano à pessoa e, consequentemente, o desenvolvimento dos conceitos de pessoa, de personalidade e, obviamente, de direitos fundamentais, especialmente através da Filosofia de São Tomás de Aquino.

Na questão 29 da parte primeira da Suma Teológica[18], São Tomás trata das *Personis* (Pessoas). Ao descartar a definição de Boécio, segundo a qual *"Persona est rationalis naturæ individua substantia"* (Pessoa é a substância individual de natureza racional), o Santo nos desvia de um erro fundamental, uma vez que falar em "substância individual" acarreta definir o que é indefinível: o singular. Assim, retomando Aristóteles (mas desconhecendo o pensamento hindu), ensina que, apesar de ser a alma uma substância individual separada da natureza racional (*"anima separata est rationalis naturæ individua substantia"*), ela, no entanto, não é pessoa (*"non autem est persona"*), mas, sim, razão comum da singularidade (*"communem rationem singularitatis"*), de modo que o ser humano racional recebe o nome de pessoa em decorrência do encontro entre o universal e o particular. Assim, como *hypostasis*, o indivíduo (matéria particular) torna-se pessoa por participar da substância divina (que é universal) – a substância universal de Deus se individualiza na matéria do ser humano (eis a hipóstase).

Se Deus é a pessoa e se Ele é a substância primeira e universal, pessoa e substância se confundem. Através do Mistério da Santíssima Trindade – no qual, em um só Deus, há diferentes pessoas –, especialmente quando Deus se faz homem, comunica-se à humanidade que a pessoa está contida no ser humano (e, particularmente acredito, o Espírito Santo é alegoria didática de Paulo para que todos os seres humanos, dos mais eruditos aos menos letrados, possam compreender essa hipóstase). Por isso, é o cristianismo que permite ao ser humano participar da pessoa em pé de igualdade (o que nunca ocorreu no hinduísmo), que é outra forma de dizer *participar do próprio Deus* (que participa, portanto, de cada ser humano de modo diverso e, contudo, na mesma medida). Isso implica em que todos os homens são, juntos, a verdade de Deus e, particularmente, deuses verdadeiros.

Entretanto, é necessário observar um fato que pode parecer incômodo aos cristãos menos eruditos: a elevação do ser humano

---

[18] SÃO TOMÁS DE AQUINO. *Suma Teológica*: Parte I – questões 1-43. São Paulo: Loyola, 2016, v. I, q. 29, a. 1, pp. 526-528.

à condição de pessoa, ou seja, ao patamar divino, é obra do cristianismo; e não de Jesus. Até pode Jesus ter seu mérito nessa causa, mas somente se aquilo que Paulo relata em suas cartas for fiel aos fatos. E mesmo que o seu relato não seja verdadeiro, quer dizer, não descreva acontecimentos reais, mas seja pura alegoria de uma construção filosófica, esse mérito não deixará de ser do cristianismo: seja uma verdade revelada, seja uma alegoria para a filosofia paulina, é o cristianismo construído por Paulo de Tarso que fundamenta a civilização e serve de razão primeira para o triunfo da dignidade da pessoa humana e do reconhecimento dos seus direitos fundamentais.

É claro que, como verdade revelada, o cristianismo é mais convincente aos homens (afinal, a abrupta promoção de uma criatura desde sempre dominada à categoria divina esbarra em uma profunda e natural desconfiança); contudo, não se pode deixar de observar que o cristianismo paulino também pode ser uma adaptação da filosofia grega clássica apresentada a partir de um mártir sectário judeu muito popular e contemporâneo de Paulo (Jesus), cuja história reescreveu a partir de elementos, histórias e características de outros deuses de outras grandes religiões para maior assimilação em escala mundial: Na Índia Védica (séculos XX a XV a.C.), era cultuada a história de Er, o Panfílico, que ressuscita 12 dias depois da morte, bem como observado o *sattra*, um rito fundado sobre o número 12 no qual 12 oficiantes devem passar pela consagração para que sejam considerados um corpo compacto, sem contar, ainda, a famosa frase do célebre rei dos Vedas, Janaka, "a paz esteja contigo"; já em Creta, desde o século XX a.C., a Grande Mãe, cultuada de maneira soberana, aparece em algumas representações acompanhada de um menino divino que, conta o mito da sua trajetória, sofre traições mas triunfa e, depois de morto, ressuscita; por fim, no Egito, a rainha Hatsheput escreveu sobre Amon no século XV a.C.: "[Ele] é o meu pão e eu o como e, do seu orvalho, eu bebo. Eu e ele somos um só corpo"[19].

---

[19] Apud MORENZ, S.; KEEP, A. E. (Org.). *Egyptian religion*. New York: Cornell University Press, 1994, p. 120. (Tradução nossa).

Não importa se o cristianismo é sagrado ou sagaz: nenhuma outra doutrina foi tão benéfica ao ser humano no longo prazo. Afinal, que outra ideia poderia ser tão absoluta a ponto de render governantes e Estados diante de um único e frágil ser humano? Que outro fundamento poderia substituir a ideia religiosa da Razão última tão distante de ser alcançada pela Ciência? Na história da humanidade, somente o cristianismo paulino puro observa, positivamente, o fundamento epistemológico garantidor da evolução da raça, que é traduzido por Karl Popper através da seguinte ideia: "nenhuma autoridade humana pode estabelecer a verdade por decreto; que devemos, em vez disso, submetermo-nos à verdade; e que *a verdade está acima da autoridade humana.*"[20]

É indispensável bem compreender o significado de pessoa e a absoluta importância do seu emprego para o sucesso da humanidade. Nesse sentido, recorro ao fascinante pensamento de Álvaro de Sá[21] para justificar a excelsitude da palavra pessoa, pois, visto que "o desenvolvimento da humanidade consiste na ascendência do inferior ao superior, do simples ao complexo", e, de igual forma, "tanto a consciência como o conhecimento não somente refletem o mundo objetivo, senão que também o criam", os produtos da comunicação, dessa maneira, "são necessários para resolver contradições colocadas pelo desenvolvimento das sociedades".

Convém retomarmos, em continuidade, o pensamento de São Tomás – que aperfeiçoa e explicita o cristianismo paulino, levando-o a estado da arte – quando menciona ser a pessoa aquilo que "subsiste em uma natureza racional"[22]. Isso nos obriga à pergunta: Que significa *racional*?

Ora, se a Deus, na qualidade de substância universal e causa primeira de todas as coisas, não cabem (porque não existem parâmetros e premissas) comparações nem justificativas, *racional*

---

[20] POPPER, Karl. *Conjecturas e refutações.* Trad. Benedita Bettencourt. São Paulo: Edições 70, 2018, p. 78.

[21] SÁ, Álvaro. *Vanguarda:* produto de comunicação. Petrópolis: Vozes, 1977, pp. 29-31.

[22] Op. Cit., p. 533.

só pode ser, invariavelmente, aquilo que é próprio de Deus. Disso se extrai que:

(a) Existindo, qualquer coisa somente deve, minimamente, existir;

(b) O que existe em primeiro lugar não pode ser condicionado a nada, exceto a existir em prol de si mesmo sob pena de não existir;

(c) Existindo, Deus só age conforme Deus;

(d) Toda ação divina, como coisa primeira e fundamental, é ação que corrobora a Sua existência;

(e) Porque Ele é sempre causa (e nunca efeito), não existe ação Sua que não seja do Seu interesse;

(f) Da mesma forma, não existe ação de Deus contrária à existência do próprio Deus; e

(g) Portanto, irracional (em termos humanos, porque, sendo a origem de tudo, só cabe a Deus ser "racional", porque é Ele a própria Razão) é uma ação de Deus contrária a Deus, pois isso excluiria Deus da condição de Deus.

É a partir desse esquema que extraímos o sentido de razão que, a partir da filosofia tomista, condiciona o indivíduo que goza do *status* da pessoa:

(a) Deus só age no interesse de Deus (porque não existe outro interesse);

(b) Deus é a pessoa;

(c) A pessoa, assim, só age no interesse da pessoa;

(d) Deus é a Razão;

(e) Logo, a pessoa que age contra a pessoa não é pessoa, porque irracional; e, desse modo,

(f) O ser humano só é pessoa quando age no interesse da pessoa; bem como

(g) Somente é racional quando convive respeitosamente com todos os seres humanos.

Em outros termos, o indivíduo que age sem motivação objetiva em desfavor de qualquer pessoa exclui a si mesmo da condição de pessoa – condição que é compartilhada entre todos os seres humanos –, pois, se toda ação de Deus (pessoa) é no interesse de Deus, toda ação da pessoa (indivíduo no gozo da substância divina) deve ser no interesse da pessoa – e o interesse da pessoa engloba todos os interesses racionais (nenhum pode ser, simplesmente, contra a pessoa racional) de todas as pessoas. Trata-se de um grande desafio para a humanidade, pois, ao passo que Deus é racional por ser a Razão, o ser humano, para que seja reconhecido como pessoa, deve ser racional mesmo desconhecendo, na integralidade, a Razão.

Ou seja, a racionalidade humana consiste em assumir o desconhecimento da Razão última (o que não implica em aceitar a irracionalidade) e reconhecer as razões de todas as pessoas. O ser humano goza do privilégio de ser pessoa quando transcende a individualidade do seu eu empírico, toma consciência da sua substancialidade e sente, em si, o outro, de maneira que a vida dos outros é, de fato, a sua própria vida.

Sem o triunfo universal do Cristo paulino abençoado por Constantino, a *hypóstasis* de *prosōpon* não seria compartilhada com o *anthrōpos* e, assim, o *ser humano*, ou melhor, todos os seres humanos – todos de maneira igualitária, pois a transcendentalidade védica, que é muito mais antiga, nunca foi capaz de expurgar o regime de castas que persiste, até hoje, na Índia –, talvez, jamais se tornassem *pessoas*.

A pessoa é a substância da Razão que anima o ser humano e o torna titular de direitos. Tanto do ponto de vista religioso quanto do ponto de vista filosófico-científico, a pessoa está na imaterialidade da Razão – seja Deus a Razão, seja o *Logos* filosófico, seja o espírito científico que reconhece não deter a verdade, seja também a fusão hindu do *Logos* com o divino que faz do ser humano, मनुष्य (*manushy*), um amálgama que denomina लोग (*log*).

A pessoa humana nasce com a divinização do ser e essa divinização é absoluta, justa, nada discriminatória e absolutamente equânime de acordo com São Tomás. Nesse sentido, dizer personalidade é dizer divindade – o que não poderia ser mais acertado, afinal, diferente de todos os outros seres do reino animal, o homem foi o único que veio ao mundo sem poder dormir e enfrentar todas as estações de um ano só com a própria pele e, ainda por cima, ao contrário de todos os demais animais, o homem tem, na mente, liberdades infinitas e duvidosas ao mesmo tempo que, nos braços, as limitações selvagens: como nenhum outro ser vivente, o homem é, ao mesmo tempo, criador e criatura.

Qualquer outra tese sobre a origem dos conceitos jurídicos de *pessoa* e de *personalidade* é – sempre foi e será – frágil demais para defender a pessoa humana e a diversidade que emana da sua personalidade diante de doutrinas, filosofias e teologias como o comunismo, o nazismo, as mais diversas seitas, o evangelismo fundamentalista ou o islamismo fanático – por essa razão, percebo a influência do diplomata e filósofo ortodoxo libanês Charles Habib Malik nas Nações Unidas quando, já no *Preâmbulo*, a *Declaração Universal* de 1948 utiliza a expressão "pessoa humana".

Em síntese, a pessoa humana é o ser humano divinizado. Enquanto a Razão diviniza o indivíduo, a Moral o convoca à divindade, que lhe atribui liberdade para a diversidade; o Direito, por sua vez, obriga o indivíduo à divindade para garantir que ele não a perca.

fo•ra do ar•má•rio

Já afirmei que toda cultura coloca o indivíduo em um armário.

Armário é peça do mobiliário de uma casa – ou mesmo um cômodo inteiro para os mais abastados – na qual são guardadas, usualmente, as nossas roupas e os mais variados objetos de uso pessoal. Imaginando um armário de roupas, é comum que ele esteja repleto de calças, camisetas, camisas, blusas e outras peças de vestuário que nos agradam, que compramos porque gostamos delas, uma vez que, além do costume (elemento cultural que define as peças) e da moda (célula viva desse elemento cultural que transforma as peças definidas), elas correspondem aos anseios da nossa personalidade. Tais peças, apesar de guardadas no armário, apenas têm serventia fora dele, quando nos vestimos e, assim, nos relacionamos com o mundo que, diante das nossas preferências representadas pelo uso dessas peças, tem ciência de uma parcela da nossa personalidade e nos reconhece também através delas.

Entretanto, no mesmo armário, podemos guardar nossas fantasias ou peças que a cultura não nos franqueia utilizar em público e, por essa razão, ficam no armário. Nem é necessário falar em sexualidade ou fetiches: é o caso das calças nos armários das mulheres quando só podiam usá-las, no século XIX, para o trabalho nas indústrias e, a partir do século XX, para praticar determinados esportes (com autorização, é claro, do pai ou do marido). As calças femininas começaram a sair do armário, lentamente, a partir da coragem escandalizante de Coco Chanel e Katharine Hepburn. No Brasil, por exemplo, as mulheres foram desobrigadas do uso de saias e puderam usar calças nos tribunais somente a partir 1997.

A ilustração é bastante significativa e fundamenta a afirmação inicial: a cultura, ao impor e delimitar aquilo que pode sair do armário, coloca a personalidade dentro dele. Portanto, sendo a personalidade expressão da essência existencial individual do ser humano no mundo, a cultura, inevitavelmente, coloca todo indivíduo no armário na medida que requer e, assim, somente permite que o ser humano, em sociedade, seja *indivíduo* (um ser humano único, individual, com razão própria e autônoma) *ma non tropo*, ou seja, alguém com autonomia individual padronizada, de forma que seja realmente único em suas responsabilidades, mas nunca na sua personalidade. A cultura só permite que o personagem social saia do armário, quer dizer, a *persona* na equivocada acepção de *máscara* (e não *divindade*).

Come out (sair, revelar) foi a expressão escolhida pelos sulistas estadunidenses já no século XIX para se referir às grandes festas em que as meninas debutantes eram apresentadas à sociedade como mulheres aptas ao matrimônio. Nesse mesmo país, outra expressão sempre foi bastante comum, especialmente na política: *skeletons in the closet* (esqueletos no armário) refere-se a um segredo criminoso ou vergonhoso.

A partir dessas duas expressões, em um âmbito cultural mundial que, quando não criminalizava, sempre discriminou a homossexualidade, *come out of the closet* tornou-se a gíria daqueles que assumiam, publicamente, a sua sexualidade. *Fora do armário*, então, é a tradução dessa gíria que, tenho a mais plena convicção, não serve apenas para o enfrentamento público da sexualidade, mas, essencialmente, para o enfrentamento público da personalidade integral de cada um (da qual a sexualidade é apenas um dos aspectos): vestir, ler, aprender, ouvir, comer, beber, apreciar, debater, defender, reunir-se, frequentar livremente os lugares, escolher uma religião ou nenhuma, determinar a profissão e o objetivo da própria vida... enfim, expressar a própria convicção ética sabendo que ela é diversa e única em cada pessoa.

Em suma, não somente os homossexuais e transexuais, mas todos os indivíduos da face da terra devem gozar dessa garantia fundamental, *a liberdade para sair do armário*, pois, se viver é se expressar, só vive dignamente aquele que não encontra barreiras para a expressão da sua personalidade, qualidade que diviniza o ser humano e o torna titular de direitos fundamentais.

Falar em personalidade é falar, necessariamente, em diversidade. Não existe personalidade de expressão padronizada, de expressão "normal", haja vista que o ser humano, diferentemente de todos os outros seres vivos, é o único ser anormal. Insisto: somos, ao mesmo tempo, criadores e criaturas, de modo que, hoje, um cachorro não pinta melhor do que pintou quando era um chacal; nem o cavalo selvagem foi um impressionista nem o atual, de corrida, é um pós-impressionista. O domínio da arte não existe em parte alguma a não ser no ser humano, criatura verdadeiramente diferente de todas as outras. Que animal haverá de discordar que não é natural ver o ser humano como produto natural?

Negligenciar essa *antinaturalidade*, essa *anormalidade*, ou seja, a indefinível diversidade do ser humano, é negligenciar a personalidade. Negligenciada a personalidade, o indivíduo é rebaixado, uma vez mais, à condição dos demais animais do reino e, sem direito a nada na natureza, volta a ser escravo da *lei do mais forte*. E essa verdade, sentencia o venerado cristão inglês Gilbert Keith Chesterton – o *príncipe dos paradoxos*, crítico, ao mesmo tempo, do capitalismo e do socialismo, bem como do conservadorismo e do progressismo –, "é tão verdadeira que, mesmo na ausência de qualquer crença religiosa, deve ser aceita sob a forma de algum princípio moral ou metafísico"[23].

Recorro uma vez mais à mitologia védica para fundamentar a razão da diversidade inexplicável que define a existência de cada pessoa e, por reflexo, a irracionalidade das imposições comportamentais, da padronização existencial da pessoa pelas culturas: *Prajāpati*, o deus criador, criou todas as identidades e, por isso, não tem uma identidade; portanto, por mais paradoxais que sejam, entre elas, as identidades que criou (e entregou a cada pessoa), elas terão sempre, todas elas, uma razão que, mesmo desconhecida (especialmente porque desconhecida), deve ser respeitada e reverenciada... Diga-se de passagem, o rigor desse argumento em nada se deteriora quando, no lugar de *Prajāpati*, colocamos Deus, Elohim, Javé, Alá, a Razão, o caldo primordial ou

---

[23] CHESTERTON, G. K. *O homem eterno*. Trad. Ronald Robson. Campinas: Ecclesiae, 2014, p. 39.

qualquer outra nomenclatura que sintetize uma hipótese científica para o fenômeno criador do Universo.

É por essa razão que compreendo a *Declaração* de 1948 como, efetivamente, a *Declaração Universal dos Direitos da Pessoa Humana Fora do Armário* – e, repito, "fora do armário" ultrapassa, definitivamente, a causa LGBTQIAP+, pois alcança a causa de cada uma das pessoas que vivem sobre a face da Terra.

Ao tratar da sexualidade, Michel Foucault defendia que um homossexual deve procurar se tornar homossexual e não se obstinar em apenas reconhecer o fato, colocando-se numa dimensão em que as escolhas que ele faz estão presentes e têm seus efeitos sobre o conjunto da sua vida, uma vez que essas escolhas são criadoras de modos de vida e se difundem pela vida inteira, confundindo-se, assim, com a sua existência[24].

Logo, se a sexualidade é apenas um dentre tantos outros aspectos da personalidade de cada um, não optar por esses aspectos pessoais e personalíssimos é falsear a própria existência e, consequentemente, anular-se. Anulando-se, a pessoa humana carece da dignidade existencial igualitária reconhecida na *Declaração* e que é pilar de todos os Estados Democráticos de Direito.

A civilização fracassa diante de indivíduos dentro do armário. *Sair do armário*, atitude que está muitíssimo além da sexualidade humana, é um apelo que a civilização faz – e garante – a cada um de nós, pessoas humanas... Afinal, quem está no armário não passa de um simulacro, um arremedo, uma farsa de si mesmo.

---

[24] JOECKLER, J.P. ; OVERD, M. ; SANZIO, A.. "Entretien avec M. Foucault". *Revue Masques*, nº 13. Paris: Masques, printemps 1982, pp. 15-24.

Declaração Universal dos Direitos da Pessoa Humana Fora do Armário

Preâmbulo

Ambulatio, do latim, pode ser traduzido como "ato ou lugar de passear", que, no mesmo latim, corresponde ao verbo *ambulare*. É por isso que nos referimos, em português, àqueles que se movimentam e não param em um determinado lugar como ambulantes, aqueles que estão a perambular, ou seja, a *caminhar sem destino*. Todavia, o significado do verbo latino *perambulare* não significa, necessariamente, *caminhar a esmo*, traduzindo-se apenas como "caminhar, percorrer, atravessar". Na Roma antiga, aliás, o errante batedor de pernas era considerado vagabundo, vadio (*ambulator* – salvo quando vendedor ambulante) ou vadia (*ambulatrix*).

Quanto ao vocábulo preâmbulo, ele é criação dos idiomas de origem latina – no latim mais castiço, o que chamamos de preâmbulo corresponde a *exordium* (e exórdio também faz parte, com o mesmo significado, do léxico da língua portuguesa). É aquilo que antecede, que prepara o interlocutor para percorrer determinado assunto; é o ato anterior ao do passeio (*ambulatio*) intelectual; é um convite que procura convencer o convidado a percorrer determinado caminho, bem como da necessidade de fazê-lo. Juridicamente, preâmbulo é um relatório, uma exposição de motivos que antecede, apresenta, fundamenta e justifica uma norma. Entretanto, *fazer preâmbulo* é também uma técnica muito eficiente na argumentação, especialmente em debates.

Tive um amigo que, costumeira, irritante e abusivamente, *fazia preâmbulos* em todas as conversas. Para "vender" uma ideia ou se justificar de qualquer atitude que tivesse tomado, uma informação que não levaria mais do que um minuto para ser apresentada se transformava em uma preleção de meia hora – ou mais. Recorrendo a premissas abstratas (por exemplo: "ferir os sentimentos de alguém nunca é algo positivo"; "atrair sentimentos ruins é sempre um mal negócio"; "encorajar alguém a estar do seu lado é sempre vantajoso"; "ter uma vida social é melhor do que ficar recluso") e questões retóricas (como: "você não se sentiria mal ao saber que seu problema não tem solução?"; "o que você faria se quisesse a companhia de alguém que, por tal motivo, não quer sair de casa?"), ele construía um enredo preliminar farsesco para que o interlocutor desatento concordasse, automaticamente, com qualquer informação que fosse lançada a título de conclusão (ainda ilustrando: "mesmo parecendo vulgar, eu disse que ela seria a rainha da festa").

Como tudo neste mundo, o preâmbulo pode tanto ser um recurso para o bem (apresentação didática de conceitos na qual são reveladas premissas verdadeiras e válidas totalmente relacionadas a uma conclusão específica) quanto para o mal (na arte de enganar, recorre-se a interrogações sagazes e se movimentam balizas do conhecimento, misturando disciplinas ou conceitos sem correlação direta com o caso concreto, mas tudo, de forma aparente, dentro de um mesmo assunto), caso este em que o preâmbulo pode ser chamado de sofisma ou, simplesmente, *arte de enganar.*

Nos exemplos que apresentei em cada um dos parênteses do meu relato pessoal, as premissas e indagações, apesar de válidas, não justificam a tomada de ação traduzida numa mentira encorajadora. Se a sua fala preliminar fosse um preâmbulo – e não sofisma –, a conclusão seria outra e, portanto, não justificaria a fala mentirosa, mas o remeteria a uma ação de conscientização: mesmo que não fosse a rainha da festa, ela deveria valorizar-se e vivenciar a sua personalidade, pois, mais importante que o julgamento alheio, é a soberania sobre a própria vida, a excelsitude da própria dignidade.

O mesmo mal não se repete no *Preâmbulo* da *Declaração Universal dos Direitos da Pessoa Humana* em virtude do seu respeito à lógica, que, por ser composta de premissas experimentadas e verificadas, ou seja, válidas, que se correlacionam de forma direta e objetiva com as conclusões apresentadas em cada um dos 30 artigos que o seguem, é verdadeira.

Por que *verdadeira* e não *verdade*? Explorei o tema no meu último livro, *Estética da Estupidez*[25], o qual sintetizo a seguir: nenhuma tese, mesmo chancelada pela Ciência como correta, pode ser considerada definitiva, pois nenhuma ciência pode pretender, por essencial conceito, ter alcançado a verdade, que é, por sua essência, absoluta e imutável. Afirmar que a conclusão mais recente tem o valor de verdade é o mesmo que decretar o fim da ciência, pois a verdade científica, na esteira do pensamento de Karl Popper, equivale ao processo (método científico) – e não ao resultado. Falar em ciência – inclusive em ciências humanas – é falar em método científico e, por mais verossímil que seja a conclusão do presente quando comparada com aquela do passado, devemos lembrar que esta conclusão anterior também foi, em seu tempo, mais pertinente que uma mais anterior. Isso é dizer que cada conclusão última da ciência deve ser sempre e invariavelmente tratada pela própria ciência como a verdadeira, mas não como verdade, pois ela permanece aberta para uma conclusão eventualmente mais satisfatória no futuro.

Se, de um lado, a ciência despreza, por essência, a admissão do conhecimento da verdade, não é certo, por outro, que ela deva desprezar a *aparência da verdade*. Mesmo que a verdade triunfe sobre aquilo que parece ser a verdade, não é verdade que essa aparência seja, necessariamente, uma mentira. Logo, em ciência, a aparência da verdade pode ser: (*i*) *verdadeira* (quando, a partir do método científico, essa conclusão se mantiver como hipótese ainda não refutada); (*ii*) *involuntariamente falsa* (enquanto, pelo mesmo método científico, é refutada por nova hipótese mais verossímil ou a partir do momento que é substituída pela tese

---

[25] PAVINATTO. *Estética da Estupidez*. São Paulo: Edições 70, 2021.

nova e, daí em diante, passa a ser tratada como memória evoluti-va científica); ou (*iii*) *deliberadamente falsa* (quando não aceita o descarte ou transformação pelo método científico ou quando nunca submetida ao método racional).

Na história das ciências humanas, as considerações *científicas* (sempre de origem filosófica) sobre as minorias ilustram bem o que acabamos de concluir: da mesma maneira que a mulher dei-xou de ser um apêndice do homem para se tornar sua posse em razão de um *sexus infermitatem* até o reconhecimento de sua plena autonomia e igualdade existencial, *gays* deixam de ser a expressão da ira divina ou possuídos por forças malignas para se tornarem psiquiatricamente doentes até que se reconhecesse a mais absoluta e integral saúde; o mesmo ocorreu com indígenas e pretos, a respeito dos quais se disse que não tinham alma, bem como em todos os momentos ao longo da história da humanidade nos quais povos escravizam outros e, como no horrendo episódio que motivou o surgimento desta *Declaração*, negam a humanida-de de seres humanos em razão de determinada cultura.

Por tais motivos é que as premissas apresentadas em cada con-sideração inserida neste *Preâmbulo* são verdadeiras e conduzem a conclusões verdadeiras em cada um dos artigos subsequentes. Alegoricamente, as premissas que seguem podem ser considera-das as conclusões mais verdadeiras que a humanidade tem de si mesma, as estacas que marcam o mais avançado ponto alcançado pela raça humana ao longo da sua caminhada na estrada da sua evolução – a estrada da civilização, que não tem, ao menos cien-tificamente, retorno.

Felizmente, a *Declaração Universal dos Direitos da Pessoa Humana* é, como a saída do armário, um caminho sem volta, que vai deixando os velhos armários cada vez mais distantes; até que fiquem, de uma vez por todas, inviabilizados.

DECLARAÇÃO UNIVERSAL DOS DIREITOS DA PESSOA HUMANA FORA DO ARMÁRIO

Considerando

que o reconhecimento da dignidade inerente a todos os membros da família humana e dos seus direitos iguais e inalienáveis constitui o fundamento da liberdade, da justiça e da paz no mundo;

A existência precede o reconhecimento, de forma que nenhuma existência pode ser reconhecida dentro do armário, pois, mesmo existindo, é desconhecida – e o conhecimento é condição para o reconhecimento. Reconhecidos, portanto, "todos os membros da família humana" como pessoas, isto é, como seres repletos de personalidade, ou seja, destinados à razão que os identifica com a força criadora de todas as coisas (seja ela encarada pelo prisma religioso seja pelo científico), que é a razão primeira de tudo o que existe e, por esse motivo, absolutamente livre de comparações, explicações, padrões e regras, salvo a regra do respeito à própria existência[26] (mesmo criativamente livre, a única condição da qual a razão fundamental não escapa é a de continuar

---

[26] Merece transcrição a advertência de Santo Agostinho sobre a imagem e a essência de Deus, sobre a pretensão de conhecer a verdade; o texto é verdadeira reprimenda a religiosos e cientistas estúpidos: "Esforçava-me por imaginar-te – eu, homem, e que homem! – como o grande, o único e verdadeiro Deus. (...) Meu espírito protestava veementemente contra todos os meus velhos fantasmas, e eu fazia força para afastar, de um só golpe, para longe do olhar da mente, o enxame de imagens indignas que esvoaçavam em torno de mim. Mas apenas dispersadas eis que, num abrir e fechar de olhos, voltavam, compactas e violentas, ofuscando-me o olhar. Desse modo, eu era sempre constrangido a imaginar-te, se bem que não sob forma de corpo humano, sempre como algo corpóreo, situado no espaço, seja infuso no mundo, seja difuso pelo espaço infinito fora do mundo. (...). De fato, meu pensamento não ia além das coisas que se veem com os olhos do corpo, e só compreendia, mas não percebia, que essa tensão interior, que me permitia formar tais imagens, não era da mesma natureza dos corpos, e que ela não podia imaginá-las, se não fosse ela mesma algo de grande. (...). Tais eram minhas conjecturas – nem podiam ser diferentes – e, no entanto, estavam erradas. (...). Tu, porém, Senhor, justo organizador do universo, por meio de secretas inspirações e segundo os méritos pessoais que somente tu, no abismo de tua justiça, podes julgar, dás a cada um a resposta adequada, sem que o saibam consulentes e consultados. Ninguém, pois, se atreva a dizer: 'Como é isto? Por que aconteceu?' Não diga, não diga, pois é apenas homem." (SANTO AGOSTINHO, *Confissões*. Trad. Maria Luiza jardim Amarante. São Paulo: Paulus, 1997, pp. 173-184)

existindo, pois, aniquilando-se, inexistirá qualquer razão), decorre, como consequência inescapável, o reconhecimento da dignidade inerente a cada um dos indivíduos, sem exceção.

Se a premissa pode ser definida como ideia ou fato inicial, sendo a força criadora a premissa universal, uma vez que todos os seres humanos compartilham o mesmo mistério criador que é a substância da premissa universal, compartilham também com ela a mesma condição que pesa sobre a sua existência, que é o dever do respeito, único elemento da Razão que se faz conhecido. Uma vez que "todos os membros da família humana", sem exceção, compartilham a Razão, todos, sem exceção, devem respeitar-se, respeitar a todos e por todos serem respeitados por mais diversos que sejam, pois a personalidade não pode ser lógica e racionalmente delimitada nem, muito menos reprimida ou negada.

Logo, se "todos os membros da família humana" devem observar e gozar do mesmo respeito que define a razão existencial universal, decorre que gozam, do berço ao túmulo, da mesma dignidade e, sendo igualmente dignos, a discriminação, de qualquer natureza e forma, se revela como o principal e mais reprovável ato de irracionalidade humana que, por definição, deve ser reprimido tanto pela ciência quanto pela fé.

Repousando a igualdade entre "todos os membros da família humana" na mesma dignidade que lhes é, por força da Razão, inerente, decorre que, em virtude da mesma Razão, a dignidade não pode sofrer abalos diante da diversidade, já que a força criadora e as formas de expressão da Razão, enquanto observarem a regra fundamental do respeito (e nenhuma outra), nunca são passíveis de delimitação; qualquer ato repressivo e discriminatório será, invariavelmente, irracional.

Por mais diversas que sejam as pessoas na expressão da sua personalidade, das suas vontades e convicções éticas, por mais díspares que sejam as condições materiais e culturais nas quais estejam inseridas, a regra universal do respeito universal é inalterável, pois a igual dignidade existencial é inabalável e, assim, qualquer desigualdade de direitos que se proponha nada mais será que uma lamentável manifestação de irracionalidade.

Da mesma forma que qualquer Estado em sintonia com a Razão deve pautar a sua atividade legisladora na regra inquebrantável da igualdade de direitos, o indivíduo racional não pode considerar aliená-los, pois estaria reduzindo a sua dignidade, o que é ato de desrespeito próprio e todo desrespeito é irracional. Inexistem intensidades para o desrespeito, já que, sendo o respeito um sinônimo da Razão, nunca pode, tal como a Razão, ser fracionado, sob pena de não restar Razão nenhuma e brotarem razões para todo tipo de desrespeito.

Reconhecida, nesse sentido, a inerência da igual dignidade existencial a todos os indivíduos por mais diversos que sejam, nem o Estado nem os próprios indivíduos dignos podem suprimir, de acordo com a Razão, direitos que devem ser não somente reconhecidos, mas também gozados com igualdade.

É somente através desse reconhecimento fundamental da universalidade e da inalienabilidade da dignidade e dos direitos das pessoas em plano de absoluta igualdade que se torna possível pensar na liberdade para "todos os membros da família humana", pois, sem esse reconhecimento, a liberdade careceria de razão e, sem razão, ou seja, sem respeito, a liberdade de um poderia impedir a do outro, tornando, então, impossível – até mesmo inimaginável – a meta de justiça e paz no mundo.

O mesmo raciocínio que me leva a afirmar que a Razão somente pode ser definida como respeito me conduz à conclusão de que a justiça significa harmonia e paz; ou seja, é uma situação na qual impera a Razão, que é respeito. Apenas numa situação em que nenhum indivíduo se desrespeita existe paz, ou seja, justiça – e definir o Direito como instrumento de pacificação social é dizer que o Direito tem a justiça como meta). Aliás, a justiça e a paz neste mundo parecem quimeras justamente em razão da incompreensão que se tem do conceito de liberdade como direito fundamental da pessoa humana.

Existem duas formas de liberdade: a *liberdade natural* (*selvagem*) e a *liberdade pessoal* (*racional* ou *de direito*).

É claro que a liberdade invocada como direito fundamental nas suas mais variadas modalidades (liberdade religiosa, liberdade de expressão, liberdade artística, liberdade de imprensa etc.) não pode ser outra senão a *liberdade pessoal/racional* e, por isso, deve atender à lei fundamental e única da Razão que é o respeito. Logo, enquanto direito fundamental, a liberdade é ilimitada e existe enquanto observar a condição do respeito, deixando de ser um direito quando a ação, em princípio livre, tenha como finalidade, resulte (mesmo que acidentalmente) ou possa resultar em qualquer forma de desrespeito contra o próprio sujeito livre na sua atuação ou qualquer outro indivíduo igualmente livre.

Em outros dizeres, nenhum indivíduo pode ser tolhido na sua liberdade se as suas ações, de qualquer natureza, não causarem algum dano objetivo, não trouxerem nenhum prejuízo real aos outros indivíduos nem ao próprio sujeito que atua. Vale lembrar, ainda, que o direito fundamental da liberdade também acaba no abuso desse direito, uma vez que todo abuso representa um desrespeito na medida que resulta, unicamente, em incômodo para os demais. Não há direito de liberdade para atos irracionais, porque atos irracionais (desrespeitosos) não são atos próprios de pessoas, mas de meros animais. Cabe ao ser humano reconhecer-se como pessoa ou animal.

A incompreensão do que acabo de expor é o motivo pelo qual os estúpidos de todas as matrizes ideológicas insistem em argumentar que o direito à liberdade franquearia também as manifestações de ódio, a livre defesa de tiranias e toda sorte de racismo: religioso, ideológico, sexual, de sexualidade, identidade de gênero, cor, etnia, origem nacional, classe social etc. Isso não é liberdade da pessoa; é, sim, expressão de uma irracionalidade brutal de animais humanos selvagens que, em sociedade, somente poderiam viver enjaulados.

Por fim, esta primeira premissa da *Declaração*, este primeiro elemento verdadeiro sobre a existência do ser humano, versa sobre o reconhecimento da sua condição de pessoa; uma vez que, dentro do armário, esconde-se a condição básica para o reconhecimento e, sem reconhecimento, não há nada a se declarar, é de se concluir que, dentro do armário, não existem dignidade, direitos, liberdade, felicidade, justiça nem paz.

Considerando

que o desconhecimento e o desprezo dos direitos ~~do Homem~~ da pessoa humana conduziram a atos de barbárie que revoltam a consciência da Humanidade e que o advento de um mundo em que os seres humanos sejam livres de falar e de crer, libertos do terror e da miséria, foi proclamado como a mais alta inspiração ~~do Homem~~ da pessoa humana;

A partir desta segunda premissa, inicio a substituição de "Homem" por *pessoa humana*. Esse ajuste é tão fundamental quanto a própria *Declaração* por dois motivos: (*i*) "Homem", que também significa "o ser humano" ou "a humanidade", apesar do emprego correto, tornou-se anacronismo para a finalidade da *Declaração*; (*ii*) em segundo lugar, conforme exposto na declaração de conceitos da primeira parte deste livro, porque o ser humano, *in natura*, não é titular de direito nenhum, mas, sim, a pessoa humana, que é o ser humano em sua "mais alta inspiração" no processo evolutivo do reconhecimento da Razão.

Deveras, somente através dessa "mais alta inspiração", quer dizer, desse reconhecimento da transcendentalidade da pessoa e, assim, do Direito, é que a humanidade pode escapar dos impérios – e, por mais esclarecidos que aparentem ser, sempre serão tiranias – e rumar pela civilização. Nas palavras de Bruno Latour, "é necessário aceitarmos que nenhuma cultura jamais reduziu a regra, o direito, a sanção e a justiça a qualquer coisa de cognitivo, a uma simples fabricação humana"[27]. A humanidade pode fabricar normas, mas não o Direito; as normas podem promover barbáries, nunca o Direito.

Mesmo que significativa parcela dos indivíduos que compõem a humanidade, intelectualmente carente pelos mais variados motivos, encontre-se alijada desse estágio da "mais alta inspiração" que promove o reconhecimento da igualitária e universal

---

[27] LATOUR, Bruno. *A fabricação do direito*: um estudo de etnologia jurídica. Trad. Rachel Meneguello. São Paulo: Editora Unesp, 2019, p. 305.

dignidade existencial, ela, da mesma maneira e em igual medida que os indivíduos mais *inspirados*, goza dessa dignidade que decorre da personalidade e, assim, é titular de todos os direitos que dela decorrem. Todavia, apesar de dignas, o desconhecimento pode ser tal que resvale em desprezo pela dignidade universal e promova inimagináveis atos de irracionalidade – denominados pela *Declaração*, também anacronicamente (afinal, o texto é de 1948), "atos de barbárie" –, cuja expressão mais cruel na memória da humanidade foi o regime nazista da Alemanha sob Hitler.

A partir dessas ponderações, esta segunda Consideração retoma o objetivo da *Carta das Nações Unidas* assinada de 26 de junho de 1945; ou seja, "o advento de um mundo em que os seres humanos sejam livres de falar e de crer, libertos do terror e da miséria", mundo que se pode alcançar somente através das *quatro liberdades* que o presidente dos Estados Unidos da América, Franklin Roosevelt, enalteceu em seu discurso de 6 de janeiro de 1941: (*i*) a liberdade de expressão, (*ii*) a liberdade religiosa, (*iii*) a liberdade para viver sem ser marginalizado e (*iv*) a liberdade para viver sem medo.

Considerando

que é essencial a proteção dos direitos ~~do Homem~~ da pessoa humana através de um regime de direito, para que ~~o Homem não~~ ninguém seja compelido, em supremo recurso, à revolta contra a tirania e a opressão;

Reza a lenda que Sócrates não via a escrita com bons olhos, já que o verdadeiro conhecimento estaria restrito à memória. De fato, desenvolve-se na memória humana "a mais alta inspiração" louvada na Consideração imediatamente anterior. Contudo, tivesse escrito aquilo que, apenas de forma oral, pregava, pode ser que Sócrates não tivesse sido condenado à morte.

Insuperável, assim, o provérbio romano: *Verba volant. Scripta manent.* Porque *a palavra voa*, a presente Consideração apresenta como justificativa para a *Declaração* a necessidade de "um regime de direito", um sistema jurídico formal. Afinal, *a escrita permanece.*

Tiranias e opressões somente acontecem na ausência do Direito, de um ordenamento jurídico verdadeiro, que é sempre, na essência, racional e universal. Conforme já afirmei, Direito e civilização são inseparáveis; logo, uma vez que a civilização é vista e aperfeiçoada através das suas construções, também um ordenamento jurídico deve ser construído para que evolua rumo ao ideal: quanto menor, quanto mais ajustado e justificado for o uso da violência –um monopólio do Estado através do Direito –, mais próximo estará do Direito ideal.

Quando esta *Consideração* se preocupa, ainda, com o fato de que ninguém deve ser compelido à revolta, ela corresponde à premissa da racionalidade do ser humano. Quer dizer: se a Razão se define como respeito e respeito é sempre o bem, o indivíduo racional deve ser compelido sempre ao bem, nunca ao mal (à revolta por exemplo); mesmo que a revolta seja mal reativo ao mal que a precede, essa possibilidade, para preservação da racionalidade e do bem que marcam a civilização, só pode ser legítima para o Direito – daí a presente premissa do "regime jurídico" que formalize o reconhecimento e promova a proteção dos direitos fundamentais e universais da pessoa humana.

Cabe aqui retomar uma questão de suma importância à qual me referi ao conceituar o Direito: qualquer sistema jurídico (chamado de regime de direito neste *Preâmbulo*) se constrói em um mundo próprio e, por tal motivo, nem toda norma positivada pela política neste sistema terá, necessariamente, a essência do Direito e, mesmo que guarde essa essência, ela deve ser dinâmica e, conforme o método científico, acompanhar as constantes transformações que impactam este mundo e a vida de relação das pessoas ininterruptamente encorajadas a saírem do armário. Se a lei é a materialização do Direito em determinado momento da História, a civilização, como processo, não pode significar, como muitos têm entendido, o *império da lei*, mas, sim, o *império do Direito*.

Compartilho do provocador conceito de Direito apresentado por Bruno Latour: o Direito é, em si, a sua própria metalinguagem; "é uma névoa leve, rapidamente dissipada, um jogo de pensamento, uma ilusão boa o suficiente para legitimar as relações de força cobrindo-as com seu casaco." Bem externo aos humanos, "não diz nada que permita ler, sob o texto alterado dos homens, a mensagem inalterável da natureza". O Direito é a menos técnica de todas as formas de enunciação, porque, contrariamente à técnica, não é dobrado nem delegado; só tem sentido se desdobrado, estendido, espalhado e, de forma explícita, contínua e obsessiva, mergulhando tudo em seu domínio próprio, ele procura traçar os caminhos que permitem mobilizar a forma efetiva da totalidade no específico. É por isso que, dos volumes dos textos "do direito", apenas uma pequena parte dá, de fato, lugar ao "do direito", de modo que confundir a autonomia do político com a heteronomia do Direito é mais que um crime, é um erro político maior (inclusive porque, assim como o condutor de gás não é feito de gás, os textos "do direito" não são feitos do Direito). O Direito é, em resumo, o rastro da nossa responsabilidade e, sem a sua música discreta, sequer seríamos pessoas.[28]

---

[28] Ibidem, pp. 319-341.

Do exposto, decorre a importância desta premissa, porque, ao exigir dos regimes de direito a proteção dos direitos fundamentais universais que decorrem da dignidade da pessoa humana, ela fulmina toda e qualquer norma que, dentro de um regime de direito, não promova ou mesmo afronte esses direitos, de maneira que, desnudadas da sua aparente juridicidade, tais normas devem ser dadas como inconstitucionais ou antijurídicas e, assim, banidas do ordenamento de todo Estado cuja Constituição se comprometa com os *direitos humanos*.

Inserir a proteção dos direitos da pessoa humana no corpo do ordenamento jurídico é, tecnicamente, medida que legitima a exclusão ou adaptação de normas que prejudiquem certa população (discriminação explícita) ou, até mesmo, que privilegiem certa população (discriminação privilegiada ou implícita).

Para que não padeça de antijuridicidade por discriminação explícita, nenhuma norma pode, no império do Direito, excluir nenhuma pessoa absolutamente capaz das suas obrigações, garantias e proteções que dela decorrem. A título de exemplo, no Brasil até 1962, a mulher casada perdia a plena autonomia e se tornava *assunto da responsabilidade do marido*. Vale citar também as odiosas normas estadunidenses que proibiam, entre outras coisas, a aquisição de imóveis em *bairros brancos* por qualquer indivíduo afrodescendente.

Por outro lado, a norma é juridicamente desqualificada quando promover qualquer discriminação implícita (ou privilegiada), ou seja, beneficiar a população de maneira parcial, inclusive em questões atinentes ao combate à discriminação, punindo determinadas modalidades de discriminação e tolerando outras tantas. Uma lei de racismo que só puna o racista religioso ou étnico, antes de ser descartada do ordenamento, deve tornar-se uma lei que puna todo e qualquer ato de discriminação, independentemente do preconceito que o motiva; o mesmo raciocínio se aplica a disposições sobre o casamento: se a instituição existe, não pode ser privilégio de heterossexuais – no caso de normas proibitivas a homossexuais, estaremos diante de uma discriminação explícita.

Portanto, inserida a proteção dos direitos fundamentais universais da pessoa humana em um regime de direito, uma vez que a grandeza da personalidade inerente a todos os seres humanos, sem exceção, não é passível, em virtude da sua própria e intransponível natureza, de sofrer qualquer modulação e, em decorrência dessa premissa indelével, todos os seres humanos gozam de idêntica dignidade existencial e devem ser respeitados na mesma medida e tratados juridicamente com a mais absoluta igualdade independentemente de sexo, gênero, sexualidade, origem, credo, ideologia, características corpóreas, etnia etc. etc., será irremediavelmente incompatível com esse regime qualquer disposição normativa que, seja para impor uma obrigação (tratamento desvantajoso) seja para garantir uma proteção (tratamento vantajoso), exclua (discriminação explícita) ou privilegie (discriminação implícita) determinado grupo de indivíduos.

Nenhuma discriminação pode ser validada pelo ordenamento jurídico, exceto quando ela atenda ao chamado aristotélico de promover a igualdade entre desiguais, observando-se, neste caso, a extensão da desigualdade, que deve ser objetiva e logicamente fundamentada através da comprovação fática de que a população a ser privilegiada padece de indignidade por motivos alheios à sua vontade e que continuará indigna na ausência de determinada *desequiparação* normativa.

DECLARAÇÃO UNIVERSAL DOS DIREITOS DA PESSOA HUMANA FORA DO ARMÁRIO

Considerando

que é essencial encorajar o desenvolvimento de relações amistosas entre as nações;

O termo "nações" poderia ser substituído por "Estados" quando falamos em direitos fundamentais universais. É claro que, semanticamente, falar em nações é aceitável quando nos referimos aos Estados. No entanto, pensando mais profundamente, um território torna-se uma nação através da força dos elementos de identificação culturais e de origem. O espírito das nações, nesse sentido, é incompatível com a universalidade dos direitos fundamentais.

Todavia, antes de tratar a utilização de "nações" como mero anacronismo, é necessário compreender que, apesar de Estados – e, como tal, são compostos por seu território, seu direito e seu povo (que, independentemente dos elementos de identificação cultural e de origem, é composto, por sua vez, de pessoas humanas com a mesma dignidade das pessoas humanas que compõem todos os demais povos da Terra) –, nenhuma técnica é capaz de substituir, de pronto, convicções enraizadas ao longo da História. Porque os Estados não estão livres, especialmente em 1948, dos preconceitos construtores da nação, é oportuno que a *Declaração* fale em "relações amistosas entre as nações", a fim de instigá-los, cada vez mais, a deixarem de lado as discriminações culturais e perceberem que, na civilização, a soberania pertence à pessoa que se particulariza, em igual medida, mas de formas diversas, em cada um dos seres humanos de todas as nações.

O "desenvolvimento de relações amistosas entre as nações" é condição precedente para a transformação dos nacionalismos em estadismo. Essa transformação é imperiosa, pois, ao contrário do estadismo, os nacionalismos levam às guerras e propiciam a banalização do mal para uma coletividade estupidificada em torno do símbolo nacional.

As disputados bélicas, além de crimes contra a humanidade, são, antes de tudo, anacronismos. Passada a Revolução Francesa,

Benjamin Constant já ensinava aos povos civilizados, em seu clássico discurso *De la liberté des anciens comparée a celle des modernes*, que, racionalmente, a guerra foi, há muito e em tudo, superada pelo comércio. Guerra e comércio têm o mesmo objetivo: possuir algo desejado. Mas, enquanto o comércio celebra a razão, o respeito pessoal, traduzindo-se em cálculo moral para o respeito recíproco entre possuidor e aspirante à posse, a guerra não passa de impulso, de ato assentido pela estupidez humana. Hoje, portanto, só existe razão para a guerra contra a guerra (e, mesmo assim, a comunidade internacional inicia esse combate através dos embargos comerciais).

Para que tenham eficácia, os direitos fundamentais e universais da pessoa humana dependem "de relações amistosas entre as nações", o que se traduz na ausência de discriminação entre os povos, que, por sua vez, serão instados a rechaçar discriminações internas à medida que, cada vez mais, conviverem harmonicamente com as diversidades externas.

DECLARAÇÃO UNIVERSAL DOS DIREITOS DA PESSOA HUMANA FORA DO ARMÁRIO

Considerando

que, na Carta, os povos das Nações Unidas proclamam, de novo, a sua fé nos direitos fundamentais ~~do Homem~~ da pessoa humana, na dignidade e no valor da **pessoa humana***, na igualdade de direitos dos homens e das mulheres e se declaram resolvidos a favorecer o progresso social e a instaurar melhores condições de vida dentro de uma liberdade mais ampla;*

Novamente, menciona-se a Carta das Nações Unidas de 1945, na qual seus membros declaram sua "fé" nos direitos fundamentais da pessoa humana. Sim, trata-se de uma questão de fé, que, superior a qualquer crença em uma crença, comunica uma convicção profunda e inabalável, uma certeza ética, pois, por mais contra-argumentos que se apresentem e diante de tudo que se conhece sobre a História, nada foi capaz substituí-la ou abrandá-la. Sem contar que, como expressão da Razão, que é sempre um bem (não existe respeito que faça mal), que alternativa mais razoável pode existir?

Que razão pode ser contrária à fé na aniquilação do mal neste mundo através do Direito? E, diante das pessoas humanas, de seres igualmente repletos da substância transcendental da Razão – Razão que não se define, mas que se reconhece no exercício do respeito –, existe outra alternativa a não ser a fé na universalidade da dignidade, da grandiosidade existencial e da igualdade entre as pessoas humanas (sejam homens, mulheres, heterossexuais, homossexuais, transexuais, vindos de qualquer lugar do planeta e apresentando-se conforme suas condições e preferências pessoais)? Não. Mil vezes não.

O Direito não admite discriminações, porque discriminações não permitem evoluções, aniquilam a dignidade e impossibilitam a liberdade pessoal, que somente existe fora do armário.

Considerando

que os Estados membros se comprometeram a promover, em coope-
ração com a Organização das Nações Unidas, o respeito universal e
efetivo dos direitos ~~do Homem~~ **da pessoa humana** *e das liberdades*
fundamentais;

Todo Estado que garante, promove ou tolera, em seu território, qualquer forma de discriminação motivada por preconceito
relacionado a qualquer característica pessoal ou intente colocar
o seu povo dentro de um armário cultural que tolha a livre expressão da personalidade individual, ferindo, assim, a dignidade
da pessoa humana – que está, aliás, acima de qualquer outro interesse nacional quando se pensa em civilização –, que somente
se realiza fora do armário, deveria ser banido da Organização das
Nações Unidas.

Mas a boa diplomacia, a fim de superar a consequência lógica
do rompimento diante do descompromisso, tem mantido tais Estados na Organização, o que é bastante oportuno, uma vez que,
assim, evita as nefastas consequências da ira de soberanos estúpidos e não afasta das suas lentes vigilantes as vítimas da discriminação, pois, de outra maneira, nada mais poderia ser feito sem
o risco extremo e plausível do aumento das atrocidades humani-
tárias já existentes e o surgimento de outras.

De qualquer modo, importa saber que, em um país membro
da Organização das Nações Unidas ou que, em sua Constituição,
mencione o respeito aos *direitos humanos*, deve ser crime todo e
qualquer ato de discriminação preconceituosa ao mesmo tempo
que todo indivíduo, sem exceção, deve gozar da garantia de viver
fora do armário com segurança; é certo também que, neste país,
a despeito da legitimidade democrática e da observância ao processo legislativo, toda lei e qualquer disposição normativa dis-
criminadora serão inconstitucionais – e, na eventual negligência
do Poder Judiciário diante da discriminação preconceituosa, não
restará dúvida: a democracia é fajuta e o direito, cosmético.

DECLARAÇÃO UNIVERSAL DOS DIREITOS DA PESSOA HUMANA FORA DO ARMÁRIO

Considerando

que uma concepção comum destes direitos e liberdades é da mais alta importância para dar plena satisfação a tal compromisso:

Trata-se de um imperativo lógico: a falta da concepção comum dos direitos e liberdades da pessoa humana coloca em xeque a fundamentalidade e aniquila a universalidade. A compreensão da essência transcendental tanto da pessoa quanto do Direito é imperiosa para que exista uma concepção comum dos direitos e liberdades da pessoa humana e, assim, sejam reconhecidas a fundamentalidade e a universalidade. Logo, cogitar a possibilidade de concepções díspares é permitir a discriminação preconceituosa.

Mesmo que a Razão descarte a possibilidade de concepções díspares para os direitos fundamentais universais da pessoa humana – elas podem ser múltiplas, mas nunca antagônicas –, há quem defenda tal temeridade.

Expoente do pensamento jusfilosófico na França, Alain Supiot acusa os defensores da universalidade dos direitos fundamentais de soberbos e fundamentalistas:

A interpretação fundamentalista dos direitos humanos pode assumir três aspectos diferentes: o do messianismo, quando se procura impor ao mundo inteiro uma interpretação literal deles; o do comunitarismo, quando se transformam, ao contrário, os direitos humanos na marca de uma superioridade do Ocidente e se nega a outras civilizações, em nome do relativismo cultural, a capacidade de adotá--los; e, enfim, o do cientificismo, quando a interpretação dos direitos humanos é reportada aos dogmas da biologia ou da economia, que seriam as verdadeiras leis intangíveis do comportamento humano.[29]

---

[29] SUPIOT, Alain. *Homo juridicus:* ensaio sobre a função antropológica do Direito. Trad. Maria Ermantina de Almeida Prado Galvão. São Paulo: Martins Fontes, 2007, p. 241.

Supiot, um fundamentalista do multiculturalismo (ideologia anticivilizacional, porque nega a universalidade de uma igual dignidade a todos os seres humanos – dignidade essa garantidora da mais plena liberdade pessoal para que o indivíduo possa expressar a diversidade da sua personalidade, que é qualidade individual e única de cada ser humano e não pode ser uniformizada em razão de determinada cultura que a reprima –, que tem alcançado significativo sucesso na atualidade em sua busca pelo monopólio da violência), vale-se do seu talento retórico para subverter conceitos básicos e, por exemplo, propor aos islâmicos o seguinte: (*i*) o levantamento dos problemas de interpretação entre direitos humanos e a *Sharia*; (*ii*) a formação de um arcabouço desses problemas e de ideias de conciliação; e (*iii*) a "invenção" das vias próprias de modernização pelos próprios muçulmanos.

O absurdo é indisfarçável: conhecendo-se o conteúdo de cada direito que se quer conciliar e, no horizonte islâmico, diante de eventual não admissão da igualdade entre homem e mulher por exemplo, que tipo de "invenção" resolveria o paradoxo de uma igualdade jurídica em que um, na mesma situação, tem mais direito que outro? Uma coisa é a equidade, que iguala desiguais na medida da desigualdade; outra, inconcebível, é a ideia de diferenciar iguais – o que, conforme os modismos políticos correntes, poderia até ser aceita sob o rótulo de "pós-igualdade" ou, ainda, "igualdade alternativa".

Convém observar a advertência de Wittgenstein, verdadeiro método preventivo contra o mal escondido numa argumentação aparentemente honesta: "Para nos libertarmos dos problemas filosóficos, é útil tornarmo-nos conscientes dos pormenores, aparentemente pouco importantes, da situação particular na qual nos sentimos tentados a fazer certa asserção metafísica."[30] Afinal, "uma enorme variedade de jogos é jogada com as frases da nossa linguagem"[31].

---

[30] WITTGENSTEIN, Ludwig. *O livro Azul*. Trad. Jorge Mendes. Lisboa: Edições 70, 2018, p. 117.
[31] Ibidem, p. 120.

A defesa de concepções antagônicas não passa de uma hipótese absurda da existência de pessoas mais ou menos dignas e de direitos fundamentais de segunda categoria que, por exemplo, garantam às mulheres uma liberdade de segunda classe e, no cardápio dos homossexuais, a vida não conste como direito fundamental. Pura estética da estupidez.

A Assembleia Geral proclama a presente Declaração Universal dos Direitos ~~Humanos~~ da pessoa humana como ideal comum a ser alcançado por todos os povos e todas as nações, a fim de que todos os indivíduos e todos os órgãos da sociedade, tendo-a constantemente no espírito, se esforcem, pelo ensino e pela educação, para desenvolver o respeito desses direitos e liberdades e promover, por medidas progressivas de ordem nacional e internacional, o seu reconhecimento e a sua aplicação universais e efetivos tanto entre as populações dos próprios Estados membros quanto entre as dos territórios colocados sob a sua jurisdição.

A Assembleia Geral da ONU reconhece que o Direito não basta. Destaca, assim, a suma importância da educação para a internalização da consciência (fenômeno diferencial da pessoa humana no reino animal que a compele à Razão) de que todos os indivíduos têm valor igual na sua diversidade, expressão da personalidade que nos torna pessoas e, assim, titulares dos mesmos direitos e obrigações que, reduzidos à Razão, sempre se traduzem em ser respeitado e respeitar... Respeitar não só o *outro*, que tem a mesma importância que *eu* (mesmo sendo diverso de mim), mas, principalmente, respeitar-me a mim mesmo, pois *eu* sou tão digno quanto o *outro* – aliás, dificilmente respeitará o outro aquele que não se respeita; ou seja, só existe respeito verdadeiro fora do armário.

Somente serei ético se me respeitar, somente "terei" moral se respeitar o outro. Vale dizer: Somente existe ética fora do armário, só há moral na aceitação da diversidade. Essa lição pode estar disposta em todas as leis, mas nunca será verdadeira e correrá o risco de nunca deixar de ser meramente simbólica se não for ensinada aos pequenos cidadãos em suas casas e escolas.

A *Declaração Universal dos Direitos Fundamentais da Pessoa Humana* é, em síntese, um apelo ao fim de toda e qualquer forma de discriminação motivada por preconceito, de maneira que, se esses direitos tivessem que ser reduzidos em apenas uma lei fundamental e universal da pessoa humana, ela seria a *Lei Fundamental do Respeito Universal.*

DECLARAÇÃO UNIVERSAL DOS DIREITOS DA PESSOA HUMANA FORA DO ARMÁRIO

Artigo 1º

Todos os seres humanos nascem livres e iguais em dignidade e em direitos. Dotados de razão e de consciência, devem agir uns para com os outros em espírito de fraternidade.

O ser humano pode até nascer livre, mas, na natureza selvagem, não nasce igual, não goza de dignidade nem de direitos. Ao dizer "seres humanos", este primeiro artigo da *Declaração* considera que todos os indivíduos são pessoas, que sempre foram pessoas, muito embora esse reconhecimento somente tenha se dado apenas tardiamente ao longo do processo civilizatório. Como pessoas, em razão dessa verdade transcendental que existe e permeia todas as coisas – mesmo que não seja revelada –, verdade através da qual compartilhamos a capacidade da infinita e indeterminada diversidade da criação, nascemos:

(*i*) livres: razão pela qual qualquer armário é ofensivo a essa característica congênita e que garante o direito à mais ampla expressão da diversidade para todos os indivíduos; e

(*ii*) iguais: pois, apesar da diversidade que decorre da personalidade, essa personalidade é a substância advinda sempre da mesma verdade transcendental e, uma vez que ela está presente em todos os indivíduos, todos nascem igualmente dignos e livres para viverem da maneira que melhor aprouver, desde que não firam a própria dignidade e a dignidade de todos os outros, ou seja, sempre observando o respeito recíproco, que é o único imperativo da razão ("espírito de fraternidade").

Liberdade, Igualdade e Fraternidade, portanto, informam que toda discriminação motivada por preconceito representa uma grave falha da consciência humana; qualquer ação discriminatória é sempre um ato de irracionalidade, pois nenhum ato da pessoa humana, que é livre, pode ser tolhido ou atacado enquanto não configure, objetivamente, um ato de desrespeito, isto é, uma ação que incentive, proclame ou cause algum mal na vida de qualquer pessoa ou grupo de pessoas, seja esse mal material, físico ou moral.

Podemos não concordar com algum modo de viver a vida, mas esse modo não pode ser atacado se ele não representa nenhum mal neste mundo – e, quando digo "neste mundo", fica claro que "outro mundo" não pode ser parâmetro para que se queira limitar, de forma heterônoma, a liberdade pessoal (muito menos o solipsismo dos sujeitos estúpidos que se entendem como paradigmas do modo de viver a vida).

O artigo 1º dispõe, assim, o dever da fraternidade entre todas as pessoas, já que a fraternidade é o único resultado do exercício racional de uma consciência que consegue ser livre e, ao mesmo tempo, reconhece a igual dignidade existencial para todos, de forma que as suas convicções éticas terão o mesmo valor e a mesma importância que as convicções éticas da consciência alheia, bem como que as suas ações serão livres enquanto permitirem a liberdade para a ação de todos. Disso decorre que o indivíduo demonstrará maior racionalidade (respeito) quanto maior for a diversidade.

DECLARAÇÃO UNIVERSAL DOS DIREITOS DA PESSOA HUMANA FORA DO ARMÁRIO

Artigo 2º

*Todos os seres humanos podem invocar os direitos e as liberdades proclamados na presente Declaração sem distinção alguma, nomeadamente de raça, cor, sexo, língua, religião, opinião política ou outra, origem nacional ou social, fortuna, nascimento **ou de qualquer outra situação**. Além disso, não será feita nenhuma distinção fundada no estatuto político, jurídico ou internacional do país ou do território da naturalidade da pessoa, seja esse país ou território independente, sob tutela, autônomo ou sujeito a alguma limitação de soberania.*

O artigo 2º reitera a ordem da não discriminação preconceituosa como proibição que deve ser absoluta: ninguém tem o direito de discriminar motivado por preconceito, que se define como conceito oriundo da convicção pessoal individual ou coletiva que não resiste à depuração fática ou aos argumentos que a contradizem e a reduzem à qualidade de uma *crença em uma crença racionalmente incrível.*

Diante de atos discriminatórios, sejam eles provenientes de disposições legais, políticas ou acontecimentos a partir das relações pessoais, toda e qualquer pessoa, "sem distinção alguma", tem o direito de se insurgir contra eles. Quanto o artigo informar "sem distinção alguma, nomeadamente de raça, de cor, de sexo, de língua, de religião, de opinião política ou outra, de origem nacional ou social, de fortuna, de nascimento ou de qualquer outra situação", cabe esclarecer que "nomeadamente" apenas serve como destaque para as situações discriminatórias mais preocupantes à época; mas não passa de mero destaque, pois não exclui nenhuma outra forma de discriminação, seja ela já conhecida à época (mas não mencionada no texto) seja, até mesmo, qualquer outra forma de discriminação até então desconhecida (esse é o significado de "qualquer outra situação").

Falar em "qualquer outra situação", aliás, representa uma feliz solução normativa, pois não só compreende a infinidade da diversidade que é característica da personalidade, bem como se

83

mantém aberta e, assim, sempre atual diante das dinâmicas transformações da vida em sociedade, sem contar que tem o condão de promover, com legitimidade jurídica, ajustes nas legislações dos países membros da ONU no que tange tanto aos dispositivos discriminatórios (invalidando-os) quanto àqueles relativos ao combate à discriminação (ampliando-os a "qualquer outra situação") – efeito que depende, é claro, da racionalidade dos seus órgãos jurisdicionais de controle.

Diante desta *Declaração*, assim, nenhuma lei e nenhum ato estatal podem discriminar motivados por preconceito e, mesmo que aprovadas por representantes legítimos através do rigor do processo legislativo, serão, seja por força de dispositivo constitucional, de tratados internacionais ou da ratificação de resoluções das Nações Unidas, incompatíveis com o ordenamento jurídico nacional. Diante de normas discriminatórias, exsurge o direito de agir contra elas.

A porta do armário está aberta: todos estão livres e ninguém pode discriminar ninguém. Se os casais heterossexuais podem se casar ou contrair união estável – e o mesmo se aplica quanto ao direito de adoção –, também podem os casais homossexuais, sejam esses casais (heterossexuais ou homossexuais) formados por pessoas do sexo congênito ou transgêneros (aos quais não se pode negar a dignidade existencial, em primeiro lugar, através do reconhecimento do nome social); e tudo isso também beneficiando a população intersexual. Se a lei protege afrodescendentes e religiosos contra a discriminação preconceituosa, essa mesma lei deve ser aplicada para proteger todas as outras pessoas discriminadas por questões diferentes, mesmo que essas questões não estejam na lei. Esses são, por exemplo, alguns dos efeitos deste artigo nos Estados das Nações Unidas. Esses são reflexos da civilização.

Artigo 3º

Toda pessoa tem direito à vida, à liberdade e à segurança pessoal.

No paraíso, não há Direito, mas só Justiça. Nem mesmo no Inferno existe Direito, mas somente Justiça. Já sobre a Terra, todavia, não há Justiça, mas só Direito.

O pensamento que acabo de compartilhar é, apesar da singeleza, bastante profundo e ilustra bem a natureza do Direito: ele é transcendental porque a Razão, verdade desconhecida e indescritível que cria e permeia todas as coisas de maneira ininteligível, é transcendental. Enquanto todas as coisas e seres, à exceção do ser humano, são apenas criaturas da Razão, ao indivíduo também é dado criar inventivamente a partir da sua imaginação infinita, qualidade que compartilha, exclusivamente, com a Razão e que dele faz, simultaneamente, criatura e criador. A Razão, estando além da natureza, compartilha a sua substância com o ser humano e o torna pessoa, conferindo transcendentalidade e, assim, indefinibilidade ao valor de sua existência, que não pode ser modulado nem, portanto, diminuído. Mas, no plano transcendental, a Razão é uma só e, existindo, haverá justiça enquanto continuar a existir, ou seja, enquanto se respeitar como Razão. A justiça é, então, o estado de respeito.

É neste mundo fenomênico, na natureza material, portanto, que a questão se torna complexa: enquanto a Razão é una no plano transcendental (natureza extrafísica), ela, na natureza física, onde é particularizada em cada indivíduo da raça humana, ao mesmo tempo que está em toda parte, não está, por completo, em parte alguma. Esse é o grande desafio da humanidade: cada indivíduo agraciado com a Razão – nele particularizada, mas não corrompida – deve observar o respeito. Logo, se a justiça é ininterrupta no plano transcendental, onde a Razão é única, na Terra, a verificação da justiça vai depender do exercício da razão por cada indivíduo que, ao desprezar esse dom e agir com desrespeito, promoverá a injustiça. É por isso que, somente na Terra, o Direito se faz necessário: Ele convoca os indivíduos para o exercício do privilégio e da obrigação fundamental da Razão.

Disso decorre que ter direitos é condição da pessoa viva e, assim, a vida é pré-condição do Direito que condiciona a vida. Como o Direito, diferentemente de uma simples regra, tanto obriga quanto protege, ele impõe a obrigação do respeito à vida em liberdade do outro; ele protege, é claro, a vida de todas as pessoas para que sejam igualmente livres. Uma vez que a vida e a liberdade são fundamentais à pessoa, o Direito informa aos ordenamentos jurídicos a necessidade da garantir a segurança de todas as pessoas, sem exceção, para que não sofram nenhuma injustiça e continuem a viver livremente expressando a racional diversidade que a personalidade manifesta, misteriosamente, em cada uma delas.

De fato, *o Direito está entre a vida e a morte*. Longe de uma condenação, a sentença que acabo de apresentar é uma condição: da mesma forma que o direito à vida não tem o poder de fazer viver o que está morto (mas protege a vida das pessoas que estão dispostas a viver), o direito à liberdade não é capaz de libertar quem escolheu escravizar a diversidade da sua personalidade em razão de preconceitos (mas abre as portas do armário às pessoas dispostas a sair dele). Esta *Declaração*, portanto, é um arauto; ela comunica a cada pessoa na Terra, sem exceções, acerca da sua dignidade incomensurável e irredutível, mas permanecerá incompreendida por aqueles que reduzem a própria dignidade ou a comparam, equivocadamente, com a do outro; e, obtusos, continuarão a pregar que o direito se resume a viver uma vida reduzida pelos direitos (na verdade, meras regras). De outro lado, apenas aqueles que aceitam o anúncio da dignidade universal serão capazes de compreender que não há direito para viver ou morrer, pois, entre a vida e a morte, o Direito serve aos sujeitos dignos para viver uma vida plena de direitos.

E para que não se amedronte diante dos obtusos, não só é um direito da pessoa humana *sair do armário*, mas *sair do armário com segurança*.

Artigo 4º

Ninguém será mantido em escravatura ou em servidão; a escravatura e o trato dos escravos, sob todas as formas, são proibidos.

Nesta segunda década do século XXI, mais de 70 anos distante da proclamação da *Declaração*, o disposto neste quarto artigo parece obsoleto. No entanto, lamentavelmente, continua essencial.

No Brasil, em 2021, o Ministério Público resgatou do trabalho escravo quase 2 mil pessoas, 90% das quais no setor rural. Se 2 mil pessoas foram resgatadas, quantas outras ainda não são mantidas em escravatura ou servidão no Brasil? O número deve superar, em muito, ao dos resgatados.

No mundo, a Organização Internacional do Trabalho estima que 20 milhões de pessoas são escravizadas. A Fundação *Walk Free*, em 2018, apresentou à ONU relatório estimativo mais alarmante: mais de 40 milhões (na sua grande maioria mulheres). Além do trabalho rural e urbano, o relatório levou em consideração a escravidão sexual, inclusive dentro de casamentos forçados.

O mencionado relatório, infelizmente, não contemplou a escravidão sexual de crianças no Oriente Médio, a triste tradição dos *Bacha Bazi*: em países como o Afeganistão, onde as penas podem ser capitais para o estupro, a prostituição, as práticas homossexuais ou, simplesmente, o sexo antes ou fora do casamento, senhores mais remediados que a esmagadora maioria da população miserável, pelo apetite hetero ou homossexual, sustentam e educam meninos pobres de até 15 anos de idade (*bachas*) que são vestidos e maquiados como mulheres. Aos 15 anos (ou antes, a depender do surgimento, no corpo, das feições masculinas), são deixados à própria sorte e acabam se tornando párias ou, na "melhor" das hipóteses, "treinadores" de novos *bachas*.

Também convém mencionar que tão condenável quanto qualquer escravidão física é a escravidão das mentes, seja ela realizada (*i*) por religiões fundamentalistas ou pelas mais variadas seitas que praticam controle de informação, negativa de conhecimento secular, isolamento social e alienação sistemática dos seus adeptos, tornando-os declarados inimigos da diversidade e, portanto, do reconhecimento da personalidade (da própria, que se anula, e de todas as outras pessoas), (*ii*) seja a escravidão mental das relações "amorosas" narcísicas e abusivas, (*iii*) seja a lavagem cerebral promovida por certas ideologias militantes (religiões seculares).

A despeito de considerar, particularmente, todo vício uma forma de escravidão mental humana – especialmente a tão atual modalidade denominada por centenas de *papers* acadêmicos como *vício virtual* ou *comportamento disfuncional virtual* –, uma vez que falar em vícios é falar, necessariamente, de psicopatologias, deixarei de discorrer sobre eles. Todavia, julgo importante destacar, diante da realidade virtual que molda a sociedade em redes de indignação global em que vivemos, aquilo que considero a mais nova modalidade de trabalho escravo – mas que, engenhosamente, não é percebida como tal: o ecossistema das companhias tecnológicas que coletam e processam os dados pessoais de seus usuários para obtenção de lucros astronômicos em nada compartilhados com os seus titulares (ou seja, conosco; nós que dispendemos do nosso precioso tempo interagindo com as tecnologias dessas companhias sem saber que somos violados em nosso direito à privacidade, que decorre da nossa personalidade).

Como os garimpeiros que vivem em condições análogas às dos escravos, os usuários de tecnologias, embora no conforto dos seus lares ou em qualquer lugar que escolham estar (com certeza, um ambiente muito distante da insalubridade do garimpo), entregam seus dados pessoais, verdadeiro ouro na atualidade, sem receber nada em troca da indústria da informação. Mesmo que, ao clicar em "aceitar" nos *pop ups* que surgem logo no momento inicial da navegação virtual que lhe extrairá bens tão valiosos (os dados pessoais), o usuário permita a coleta e o processamento dos seus dados; mesmo que ele se entenda remunerado e satisfeito pelas facilidades ou felicidades (via de regra aparentes ou mesmo falsas, uma vez que a depressão tem se mostrado como único resultado final na vida dos seus usuários viciados em filtrar a realidade) proporcionadas pelo uso da tecnologia, a natureza dessa interação entre empresa tecnológica e usuário será, ainda assim, escravagista. Isso sem mencionar que, de posse dos seus dados, a indústria da informação visa predeterminar, controlar as escolhas desses usuários (afronta direta à liberdade pessoal através da manipulação da autonomia da vontade).

A privacidade dos dados pessoais e os próprios dados pessoais decorrem da personalidade do usuário, de maneira que tanto a liberdade para deles dispor quanto a liberdade para deles se utilizar são expressões da liberdade como direito fundamental da pessoa (liberdade pessoal/racional). Uma vez que os direitos da personalidade são irrenunciáveis, porque fundamentais, da mesma forma que o direito não pode proteger a hipotética situação de alguém que aceita abrir mão da própria liberdade para o lucro de outra pessoa, não tem juridicidade uma renúncia total da própria privacidade e do valor dos próprios dados pessoas. Ademais, porque toda forma de exploração é abominada pelo Direito, nunca será juridicamente legítima a troca desses dados, que têm valor extremamente elevado no mercado, por ninharias tecnológicas; ou estaremos diante da servidão ou teremos um caso de enriquecimento ilícito da empresa.

Em suma, toda negativa da liberdade pessoal, seja para o trabalho, para as relações sociais, para o sexo, para exprimir qualquer aspecto individual da personalidade, bem como toda supressão de um direito da personalidade que seja lucrativa para o supressor, configura, sem dúvida, uma escravidão.

Artigo 5º

Ninguém será submetido à tortura nem a penas ou tratamentos cruéis, desumanos ou degradantes.

Torturar é constranger alguém com emprego de violência física ou psicológica causando-lhe sofrimento físico ou mental a fim de obter qualquer proveito, satisfazer algum sadismo, expressar alguma irracionalidade (como, por exemplo, conquistar o temor da vítima) ou aplicar castigos. Portanto, toda penalidade e todo tratamento cruel, desumano ou degradante serão considerados – porque delas não se diferem conceitualmente – torturas.

Toda discriminação realizada violentamente de forma física ou psicológica (e a grave ameaça é apenas uma dentre as várias formas de violência psicológica existentes – como, por exemplo, uma injúria continuada praticada por uma mãe contra um filho homossexual) que submeta o discriminado a sofrimento físico ou mental, com ou sem dano aparente, é considerada tortura.

A tortura, comumente, é crime punido sempre com maior rigor em relação aos demais crimes previstos nas legislações dos países civilizados, que também costumam reconhecer maior desvalor social aos crimes de discriminação. Na civilização, portanto, a tortura como ato discriminatório é, sem dúvidas, o crime mais abjeto que alguém pode cometer – tão abjeto e desumano que as Nações Unidas, através do Protocolo de Istambul de 1999, orienta aos países que seus tribunais, diante de casos tais, promovam uma cuidadosa avaliação das condições psiquiátricas, mentais e de personalidade, de um torturador.

Artigo 6º

Todos os indivíduos têm direito ao reconhecimento, em todos os lugares, da sua personalidade perante a lei.

Antes da *Declaração* de 1948, a *Declaração da Independência dos Estados Unidos da América*, de 1776, e a *Declaração dos Direitos do Homem e do Cidadão* proclamada pela Assembleia Nacional Francesa, em 1789, já falavam em universalidade, igualdade e naturalidade dos direitos do "Homem", assim entendido como qualquer indivíduo humano. Apesar dos textos, cujas literalidades incluem mulheres e pretos, estes continuaram rebaixados em suas vidas cotidianas, fazendo, portanto, com que a universalidade proclamada não fosse tão universal; restrita, talvez, à igualdade caucasiana.

Para as mulheres, a primeira expressão jurídica relevante que, de fato, assegurava a igualdade com os homens e, por isso, a integralidade da sua personalidade, inclusive na constância do casamento, foi a Constituição de Weimar (Alemanha, 1919), marco legal destroçado pelo nazismo.

Foi somente a partir da *Declaração* de 1948, em razão do seu cuidado com a pormenorização e através das conceituações insistentemente repetidas em cada um dos seus 30 artigos, que todos os seres humanos, sem exceção (homens, mulheres, nacionais, estrangeiros, refugiados, religiosos, ateus, ocidentais, orientais, progressistas, liberais, caucasianos, afrodescendentes, indígenas, bem como homossexuais, transexuais e intersexuais ou, conforme estabelece o artigo 2º, "de qualquer outra situação", já que, diz o mesmo artigo, todo ser humano tem personalidade "sem distinção alguma"), tornaram-se, pelo menos no papel, titulares dos mesmos direitos fundamentais, agora universais diante do reconhecimento da igual dignidade existencial de cada indivíduo, porque todos carregam personalidade.

Uma vez que a titularidade de direitos decorre da personalidade, por toda parte, em todo lugar de todos os lugares, todos os indivíduos devem ser livres para expressar a diversidade da personalidade particular a cada um; devem ser reconhecidos como pessoas perante a lei, de modo que, mesmo fora de seu país de origem, qualquer indivíduo deve ser respeitado, pois continua titular dos direitos e garantias previstos nesta *Declaração* e, assim, não pode ser discriminado por preconceito, torturado ou injustiçado de qualquer maneira.

Uma nova realidade inimaginável em 1948 merece especial atenção: O reconhecimento e o respeito à personalidade de todos "em todos os lugares" devem acontecer também, necessariamente, no ciberespaço, sob pena de retrocedermos aos pragmatismos positivistas caducos, colocando em risco toda ideia de direitos fundamentais universais.

A democratização do ciberespaço revela duas realidades existenciais – e incômodas – à humanidade: de um lado, comprova que a personalidade, tão louvada nas democracias, ou é, ainda, incompreendida ou continua menosprezada propositalmente (pelo medo, talvez, do triunfo da igualdade existencial); de outro, confirma a sabedoria de Plauto, uma vez que esse processo de livre ocupação desse espaço virtual – uma dimensão, no início, sem lei – provou que a humanidade, mesmo na condição de pessoa, não se mantém sem o Direito... Continuamos lobos de nós mesmos. Críamos civilizados, mas a fenomenização do espaço virtual escancarou a nossa imaturidade ética, nossa vergonhosa incompreensão do significado de respeito.

A atual sociedade de redes sociais já conta com a participação – ao menos nas democracias ocidentais – de quase todas as pessoas e, mais que isso, tem ditado os rumos da História atual desta civilização construída como sociedade tátil, palpável, concreta. As comunidades virtuais criadas no ciberespaço refletem, de fato, as comunidades espalhadas ao longo dos territórios geográficos, mas, em razão da supressão *on-line* do elemento físico espacial, são comunidades livremente alcançáveis e interpenetráveis e, como reflexo dos multiculturalismos antes delimitados geograficamente – delimitação terrestre que, parece certo, impunemente permitiu o negligenciamento na democratização da Razão, do verdadeiro significado do respeito decorrente da personalidade –, constituem ambientes catalisadores e amplificadores de embates jurídicos e antijurídicos (no qual se incluem crimes de toda espécie).

No ciberespaço, interagimos através do nosso *corpo eletrônico* (expressão criada pela genialidade de Stefano Rodotà). Formatado a partir dos dados pessoais concedidos livre, consentida e conscientemente (em tese) pela pessoa humana (titular desses dados), o corpo eletrônico, assim, é parte da personalidade, razão pela qual deve observar virtudes cívicas e ser respeitado da mesma maneira que o corpo físico, ou seja, tutelado contra qualquer falta de respeito (dano), haja vista que a cidadania digital é, hoje, fundamental para a livre construção da identidade pessoal, o que torna imperiosos tanto o reconhecimento da autodeterminação informativa quanto da redistribuição do poder *on-line.*

Nesse sentido, no âmbito da comunidade europeia, aprovou-se, em 2016, a *General Data Protection Regulation* (GDPR). Dentre seus dispositivos, ela trata do *profiling,* ou seja, da *definição de perfis* (art. 4, 4) como qualquer forma de tratamento automatizado de dados pessoais que consista em utilizar esses dados para avaliar informações existenciais de uma pessoa singular a fim de analisar ou prever aspectos relacionados com o desempenho profissional, a situação econômica e de saúde, as preferências pessoais, os interesses, a fiabilidade, os comportamentos, a localização ou os deslocamentos etc.

No Brasil, os direitos da personalidade, mesmo nessa moderníssima modalidade de tratamento de dados, já estavam resguardados por diversos dispositivos legais: na Constituição de 1988, nos Códigos de Defesa do Consumidor, Civil, Penal e, mais recentemente, no Marco Civil da Internet. Contudo, o tarado Legislador brasileiro, como de costume, parodiou a novidade estrangeira criando a Lei Geral de Proteção de Dados (LGPD – Lei 13.709/2018, vigente desde maio de 2021). Como já dispúnhamos de toda forma de proteção em nossa legislação, a LGPD revela, além do nosso desconhecimento acerca do próprio Direito, que o problema não está na falta de leis, mas, sim, na aplicação das Lei. Neste caso, a LGPD apenas criou novos entraves à iniciativa privada (e aos indivíduos), novas fontes de receita (e de corrupção), bem como dois novos ralos de dinheiro público: a Agência Nacional de Proteção de Dados e o Conselho Nacional de Proteção de Dados Pessoais e Privacidade.

Lorde Clark, que via a civilização nas obras erguidas em solo firme, não viveu para assistir ao início da civilização no ciberespaço, uma "terra" que, por enquanto, faz lembrar o medievo. Todavia, a civilização virtual é tema que se impõe. Esse novo espaço para a civilização deve ser um espelho da civilização física, deve expô-la sob todos os ângulos e com todas as suas *vergonhas* à mostra.

O corpo eletrônico, por sua vez, como reflexo da pessoa humana que é, deve receber a mesma proteção do Direito. Tal novo desafio será fator determinante para o triunfo da personalidade e, via de consequência, do alastramento do respeito à diversidade. Falhar diante desse desafio, então, é condenar o ciberespaço ao arremedo de uma civilização aparente, porque tão somente servirá como instrumento de alienação e domínio das massas (indivíduos despersonificados).

Se, por um lado, a sensação do anonimato e o encorajamento proporcionado pelo instantâneo encontro de semelhantes nas redes podem ser dois fatores relevantes e determinantes para a saída do armário de qualquer pessoa (mesmo que apenas no ciberespaço), por outro, uma vez que a educação universal para o respeito recíproco (imperativo destacado já no *Preâmbulo* desta *Declaração*) sempre foi negligenciada pelos Estados (especialmente naqueles que sequer oferecem o básico educacional), desse armário podem sair tanto o indivíduo que encontrará, pela primeira vez, uma oportunidade segura para aceitar a diversidade da sua personalidade e, assim, fazer valer a sua dignidade existencial, quanto o sujeito estúpido que, agora "anônimo" e encorajado por outros estúpidos com os quais se torna um gigante ente coletivo, conseguirá superar a sua covardia para destilar todo o seu preconceito.

Ale@ j@ct@ est!

Artigo 7º

Todos são iguais perante a lei e, sem qualquer distinção, têm direito a igual proteção da lei. Todos têm direito a igual proteção contra **qualquer discriminação** *que viole a presente Declaração e contra qualquer incitamento a tal discriminação.*

Considero este artigo 7º o dispositivo mais importante da *Declaração*. Eficiente e suficiente síntese do objetivo da *Declaração*, é decorrência lógica, um extrato dos seis artigos anteriores, bem como base dos demais 23 artigos.

Ao longo da História, a humanidade chegou a ser dividida em 63 raças. Em 1972, contudo, um dos maiores geneticistas do mundo, o matemático e biólogo evolucionista Richard Charles Lewontin, Professor da Universidade de Harvard, demonstrou, através da análise sanguínea das mais diversas populações, inexistirem diferenças moleculares que permitissem a divisão da humanidade em raças. Três décadas depois, comprovou-se que as unidades de informação genética humana se repetem, de forma idêntica, em 99,9% da humanidade.

Se a negativa dessa conclusão se assemelha à defesa da Terra plana, a partir da confirmação da inexistência de raças humanas, o termo "raça", quando aplicado à humanidade, só pode se referir à raça humana (que é uma só). *Aggiornato*, portanto, é correto dizer que o presente artigo, por não empregar a palavra *raça* ou *racismo* e ter optado pela expressão "qualquer discriminação", após reafirmar o princípio absoluto da igualdade jurídica absoluta entre todos os seres humanos, atribui ao racismo o significado de *qualquer ação discriminatória motivada por preconceito de qualquer natureza.*

Infelizmente, esse conceito jurídico e científico de racismo – logo, o único conceito racionalmente possível – ainda está longe de ser compreendido, inclusive por "profissionais" do Direito. Conhecê-lo, então, é de fundamental importância.

Porque é bastante ilustrativo, recorro ao angustiante caso do Direito brasileiro: a Constituição de 1988 estabelece que um dos "objetivos fundamentais da República Federativa do Brasil" é "promover o bem de todos, sem preconceitos de origem, raça, sexo, cor, idade e quaisquer outras formas de discriminação" (artigo 3º, IV). Também são consagrados, de forma pétrea (inalterável e irremovível), o princípio da igualdade e o comando da não discriminação no artigo 5º ("Todos são iguais perante a lei, sem distinção de qualquer natureza"), que também condena toda forma de tratamento desumano ou degradante (que acontece em toda prática discriminatória) no seu inciso III e considera, no inciso X, invioláveis a honra e a imagem de todas as pessoas (direitos da personalidade do sujeito discriminado inevitavelmente feridos). No mesmo artigo 5º, o inciso XLI dispõe que "a lei punirá qualquer discriminação", além de estabelecer, no inciso XLII, que a "prática do racismo" é "crime inafiançável e imprescritível".

Conforme a milenar máxima romana, *verba cum effectu sunt accpienda*, ou seja, a lei não contém palavras inúteis. Disso decorre que a expressão "racismo" empregada no artigo 5º da Constituição não pode ter, obrigatoriamente, outro significado senão o de *preconceito étnico, social, sexual, físico, etário ou de qualquer outra natureza*, pois, de modo contrário, tornaria inútil o artigo 3º, em especial a expressão "quaisquer outras formas de discriminação", que é repetida no artigo 5º, LXI. Além do mais, afirmar que a palavra racismo somente se liga aos critérios de cor e etnia é defender que a própria Constituição pratica discriminação contra todas as "outras formas de discriminação", já que restariam diminuídas diante dos critérios de etnia e cor (desigualando desiguais nas suas igualdades ou, ainda, desigualando iguais) – uma torpeza indefensável, pois, além da sua antijuridicidade, contraria o espírito constitucional de formar, conforme disposto no seu *Preâmbulo* (norte para todos os artigos da Lei Maior), "uma sociedade fraterna, pluralista e sem preconceitos".

Antes da Constituição de 1988, o racismo foi considerado contravenção penal (uma espécie de *crime mais brando*) a partir da Lei 1.390/1951 (*Lei Afonso Arinos*), que se valia dos critérios *raça* e *cor* – afinal, em 1951, ainda era "científico" falar em raças humanas. Esses critérios foram copiados pelo Legislador da Lei 7.716/1989 (*Lei do Racismo*), que transformou essas ações discriminatórias, até então meras contravenções penais, em crimes. Apesar de repetir tais critérios, eles já surgiram superados em 1989, seja porque o conceito constitucional de racismo já incluía toda forma de discriminação, seja pela superação da "cientificidade" das raças humanas em 1972. Além dessa *Lei,* o Código Penal, desde 2003, penaliza a *injúria discriminatória* (artigo 140, § 3º).

No entanto, o esclarecimento definitivo acerca do exato conceito jurídico de racismo foi dado pelo Supremo Tribunal Federal (STF) em 2003. Na decisão do famigerado Caso Ellwanger (HC nº 82424-RS), a maioria dos Ministros da Corte rejeitou o pedido de Siegfried Ellwanger, que, em 1989, publicara diversos livros abertamente antissemitas e, por isso, foi representado pelo crime de racismo em 1990. Basicamente, a defesa de Ellwanger alegou que *judeu não é raça* e, por esse motivo, ele não cometeu o crime de racismo.

Na esteira de documento da UNESCO de 1978 e do parecer elaborado pelo Professor Celso Lafer, os Ministros do STF entenderam que o racismo se origina do processo político-social da intolerância a uma coletividade de indivíduos que se diferenciam por suas especificidades socioculturais. Portanto, o conceito constitucional de *racismo*, ou seja, o seu conteúdo jurídico, reside nas teorias e preconceitos que estabelecem diferenças entre grupos e pessoas, a eles atribuindo as características de uma "raça" para discriminá-los, de modo que raça é uma construção histórico-social, voltada para justificar a desigualdade. Nesse sentido, da mesma forma que os judeus não são uma raça, não são raça também os negros, os mulatos, os índios ou quaisquer outros integrantes da espécie humana; mas todos, sem exceção, podem ser vítimas do racismo – e adotar o antigo conceito de raça tornaria o crime de racismo um crime impossível pela inexistência do objeto (as raças); razão pela qual o conteúdo jurídico do crime da prática do racismo reside nas teorias e preconceitos que discriminam grupos e pessoas somente por exercerem o seu direito à diversidade.

Em suma, racismo é toda ação discriminatória motivada por preconceito contra determinado ou determinável fator (*i*) biológico [genotípico (p.e., uma doença) ou fenotípico (p.e., a cor da pele, do cabelo ou qualquer traço da aparência], (*ii*) personalíssimo (vocacional, sentimental, existencial etc.) ou (*iii*) temporal (cultural, ideológico, comportamental) que caracterize um indivíduo ou identifique uma coletividade.

Logo, se o conceito exato de racismo engloba toda forma de preconceito revelado nas práticas discriminatórias, devem as hipóteses ou critérios elencados no artigo 1º da *Lei do Racismo* ser consideradas meramente exemplificativas (ou desnecessárias) para efeitos de responsabilidade penal.

Contudo, disse o Maestro Tom Jobim, "o Brasil não é para principiantes"... O mesmo STF, 16 anos depois, ao decidir sobre outro caso de racismo, mostrou que o "notável saber jurídico" (exigência do artigo 101 da Constituição para que um jurista possa ingressar no Pretório Excelso) já morreu. Mesmo que ainda viva, ele está obliterado, talvez, pela vaidade da repercussão midiática, especialmente nestes tempos de informação frenética e desqualificada das redes virtuais (realidade inexistente em 2003, mas onipresente e insuperável em 2019), ou mesmo pelo temor da ferocidade ressentida do identitarismo militante que salta dessas redes de indignação.

No julgamento conjunto da Ação Direta de Inconstitucionalidade por Omissão 26 e do Mandado de Injunção 4733 – ambos alegavam a existência de ordem constitucional para que se legisle criminalmente sobre a homofobia e a transfobia (*homotransfobia*) e, assim, requeriam o reconhecimento da mora inconstitucional do Congresso nessa tarefa, bem como a aplicação "subsidiária" da *Lei do racismo*, além da condenação do Estado brasileiro na indenização de todas as vítimas até que não surgisse tal criminalização específica –, negada a pretensão indenizatória, os Ministros do STF aniquilaram o conceito jurídico de raça ao reconhecer a aplicação "subsidiária" da *Lei do Racismo* para os casos de homotransfobia enquanto não fosse aprovada a lei específica.

Tanto a vitória dos homossexuais e transexuais quanto a derrota dos *homotransfóbicos* foram, ambas, tão somente aparentes: se, pela decisão de 2003, a *homotransfobia* já era racismo; em 2019, tornou-se *um racismo de segunda classe.*

O acórdão é um verdadeiro retrocesso jurídico, pois o Direito não deve privilegiar determinadas categorias de pessoas ao conferir qualquer proteção contra práticas discriminatórias; ele deve se insurgir contra todas as manifestações de discriminação e ódio, não importando se manifestadas em razão da cor da pele, da orientação sexual, do próprio sexo, da identidade de gênero, da condição física, da nacionalidade, do contexto social etc. Assim estabelece a *Declaração da ONU* de 1948; assim dispõe a Constituição brasileira de 1988; assim reconheceu o STF em 2003 – e, ao fazê-lo, solucionou, jurídica e definitivamente, a questão legal da discriminação e do ódio direcionados. Lamentavelmente, do mesmo modo que fez, a Corte desfez.

Uma legislação não taxativa quanto às hipóteses de racismo evita, inclusive, que novas classes precisem pleitear novas legislações específicas e permaneçam sem proteção efetiva durante décadas até que sejam positivadas tais novas modalidades de preconceito. No caso de 2019, o STF revogou, de certa maneira, a existente aplicação direta da *Lei do Racismo* para os casos de *homotransfobia* quando decidiu que a sua aplicação, nestes casos, passava a ser meramente subsidiária até que surja lei específica; descolou, assim, mesmo que de maneira ficta, a natureza jurídica do racismo da natureza jurídica da *homotransfobia*, abrindo uma janela de oportunidades para os identitarismos religiosos antagônicos: Desde a decisão, muitos parlamentares já trabalham para a aprovação de dispositivo legal que exclua toda e qualquer manifestação religiosa sobre sexualidade e identidade de gênero do crime de *homotransfobia* – o que jamais se cogitaria caso os Ministros de 2019 não tivessem aniquilado o notável saber jurídico dos Ministros de 2003; se os Ministros do STF tivessem respeitado o exato conceito jurídico de racismo, que já contém os casos de *homotransfobia*, permaneceria absurdo, juridicamente impossível e abjeto qualquer projeto de lei que abraçasse a licitude de manifestações racistas desde que no âmbito religioso.

No Brasil, o problema não está na lei ou na ausência de leis, porque elas são muitas (o que também é um problema), mas nas autoridades que devem zelar pela correta e honesta aplicação das leis que já existem.

DECLARAÇÃO UNIVERSAL DOS DIREITOS DA PESSOA HUMANA FORA DO ARMÁRIO

Artigo 8º

Toda pessoa tem direito a receber dos tribunais nacionais compe-
tentes medida efetiva contra os atos que violem os direitos funda-
mentais reconhecidos pela Constituição ou pela lei.

A presente disposição vai além do chamado *direito de petição*, que é a garantia fundamental de todos para apresentar requerimento ou representar aos Poderes Públicos em defesa dos seus direitos e contra abusos de autoridade. Vai além porque, além de reafirmar essa garantia para recorrer aos órgãos jurisdicionais competentes, estabelece o dever desses órgãos de responder às demandas de maneira satisfatória, de forma que, constatada a violação, a ordem para fazê-la cessar e a punição pelo seu cometimento devem ser eficazes para o reestabelecimento da paz abalada.

No que toca à diversidade, a realidade brasileira é lastimável: a proteção da vida e da integridade física e psíquica da mulher que sofre violência doméstica e familiar, por exemplo, apesar da severa legislação específica garantidora de medida protetiva, revela-se retumbante fracasso pela falta de sensibilidade da grande maioria dos juízes de primeira instância.

Da mesma forma, a vergonhosa devolutiva dos juízes em matéria de reparação de danos. Valores realmente compensadores ao dano moral, por exemplo, somente se verificam em casos de destaque midiático que envolvam partes famosas ou, ainda, quando as vítimas são autoridades públicas, de modo que, ao brasileiro comum, resta se conformar com compensações pífias que em nada desestimulam a prática do ilícito, que resta incentivado, pois tornam as adequações de condutas ou de falhas habituais em produtos ou serviços mais dispendiosas que a soma das indenizações irrisórias eventualmente pagas.

Artigo 9º

Ninguém pode ser arbitrariamente preso, detido ou exilado.

Prisões, detenções e exílios arbitrários são medidas diametralmente opostas e completamente avessas à civilização. Infelizmente, prisões e detenções arbitrárias são demasiadamente comuns não somente no Brasil das autoridades violentas (que abusam de minorias por preconceito) e principescas (que abusam de todos por corrupção, como no caso das prisões cautelares que, mesmo quando justificadas, esquecem o preso na clausura e transformam uma medida legítima em crimes de sequestro e tortura); a tão festejada democracia estadunidense não cansa de surpreender com detenções motivadas exclusivamente pelo racismo.

Outra triste realidade que ainda afronta o presente dispositivo é a dos refugiados. Vencida a probabilidade da morte em suas rotas de fuga, eles são os exilados do nosso tempo. Mesmo sem expatriação sancionatória, a miserabilidade, a violência, os sistemáticos conflitos e violações dos direitos fundamentais são verdadeiras arbitrariedades que obrigam, todos os anos, dezenas de milhões de pessoas a abandonarem seus países, seus lares e, assim, romperem seus laços familiares, sociais e culturais.

Considero, por último, uma novíssima modalidade de exílio: no ciberespaço, os exilados virtuais são os indivíduos injustamente banidos de plataformas sociais digitais por decisões arbitrárias estatais ou das próprias plataformas; quer dizer, decisões injustificadas, ilegais, que menosprezam ou suprimem o direito de defesa ou, quando possibilitado, não observam a presunção de inocência e promovem o banimento imediato, bem como aquelas que praticam um banimento "preventivo".

Artigo 10º

Toda pessoa tem direito, em plena igualdade, a que a sua causa seja equitativa e publicamente julgada por um tribunal independente e imparcial que decida sobre os seus direitos e as suas obrigações ou das razões de qualquer acusação em matéria criminal que contra ela seja feita.

Retomando o comentário ao artigo 8º, cabe acrescentar, nesta oportunidade, que a efetivação do princípio da igualdade, quer dizer, a prova da eficácia (ou não) do princípio da igual dignidade existencial entre todas as pessoas se dá no ambiente de um tribunal, no momento em que a pessoa nele ingressa ou a ele se liga por qualquer motivo involuntário. Exaltando o direito a um tratamento igualitário, o artigo 10 informa que não pode existir discriminação em qualquer tribunal, de maneira que nenhum juiz pode emitir decisões diversas para ações de mesma natureza e iguais fatos e circunstâncias.

Assim, o juiz que discrimina o valor de uma indenização, a severidade ou a aplicação de qualquer outra punição em razão de sexo, sexualidade, profissão, classe social, cor da pele, religião ou qualquer outro motivo preconceituoso é uma desgraça, pois, na civilização, ele é o *antidireito*.

O presente artigo apresenta quatro elementos para que se possa qualificar uma decisão judicial como justa: (*i*) equidade; (*ii*) publicidade; (*iii*) independência; e (*iv*) imparcialidade. No Brasil, de regra (existindo, é claro, exceções), contamos apenas com a publicidade (afinal, sem ela, o processo nada vale) e a independência (garantida pela vitaliciedade do juiz).

A afirmação merece ser ilustrada por sentença que ficou, pejorativamente, famosa: reconhecido o fato de que a companhia aérea ré não entregou aos clientes, um casal de passageiros, os assentos que tinham escolhido na classe econômica, concedeu-se a eles, como se o ocorrido não fosse um mero dissabor, indenização por dano moral. Contudo, nesse casal de indenizados, o marido era juiz e, por tal motivo, a chacota nacional que, no entanto, reflete a nossa triste realidade: à esposa, foi arbitrado o valor da indenização em R$ 5 mil; ao marido, o varão que, ademais, era juiz concursado, o valor de R$ 10 mil. Por ser o indenizado tão juiz quanto o juiz que julgava a causa, ele deve, conforme a decisão, "merecer destaque e diferenciação no *quantum* a ser fixado"[32].

Mais ainda: enquanto um juiz, por ser juiz, recebe uma indenização de R$ 10 mil (e que sequer deveria existir por se tratar de um mero dissabor) em decorrência da simples mudança de assento na mesma classe econômica adquirida, um advogado que, mesmo tendo adquirido passagem em classe executiva (com custo médio de R$ 15 mil) da mesma companhia aérea do caso anterior, sofreu injustificado *downgrade*, recebeu uma indenização de R$ 3 mil, valor justificado "a fim de evitar o enriquecimento sem justa causa da vítima" – eufemismo para não tratar o lesado como "ralé"[33].

Entretanto, o caso mais exemplar dessa discriminação desumana, no Brasil, ocorre com as pessoas indígenas: os tribunais têm entendido que, mesmo causando expressivo sofrimento, os castigos impostos por um cacique a qualquer indígena de sua aldeia nem sempre devem ser condenados, pois o artigo 231 da Constituição de 1988 reconhece a organização social, os costumes e as tradições indígenas, de forma que, combinado com o artigo 57 da Lei 6.001/1973 (Estatuto do Índio), devem ser tolerados na maioria das vezes.

A doutrina que justifica esse entendimento propõe que o conceito da dignidade humana deve ser analisado sob o ponto de vista da comunidade indígena e não daquilo que fica por ela definido como *sociedade dominante* – e, por que não dizer, opressora. Longe de *juristas*, não passam de *militantes identitários*; versões contemporâneas daqueles que, no passado, acreditavam

---

[32] 1ª Vara Juizado Especial Cível da Comarca de Cachoeiro do Itapemirim [ES], juiz Roney Guerra Duque, processo de autos nº 5001812-33.2018.8.08.0011, j. 19.12.2018.

[33] 1ª Vara Juizado Especial Cível da Comarca de São Paulo [SP], juíza Eliana Adorno de Toledo Tavares, Processo de autos nº 1011991-83.2015.8.26.0016, j. 20.04.2016.

que indígenas não tinham alma – mesmo após a reprimenda do Papa Paulo III que, apesar da ausência de efeitos práticos, em sua bula *Sublimus Dei* (1537), reconheceu a *humanidade* desses povos. De fato, todos aqueles que, apesar das palavras doces e politicamente corretas, negam a qualquer indivíduo de qualquer cultura um só dos direitos universais, negam, categoricamente, a condição de pessoa. São, nas palavras de Paulo III, "os inimigos da raça humana".

Mesmo que um indígena sofra um dano existencial e perca todo o prazer pela vida depois de um castigo ou ameaça de castigo decorrente, por exemplo, de sua sexualidade ou, para uma indígena, pela desobediência a seu homem, será, mesmo assim e por mais profundo que seja o abalo psíquico dessa vítima, considerada *inexistente a conduta ilícita do agressor* quando ela fizer parte das *regras e costumes da comunidade indígena*, não configurando ato abusivo à dignidade da pessoa humana nem ensejando qualquer forma de reparação; pelo contrário, a desumanidade passa a ser incentivada.

Ainda que a indigesta lei indigenista exclua essa intolerável tolerância para os casos que resultem em morte, ela permite, de qualquer forma, o castigo, que sempre é agressão, violência. Justificar a sua validade e eficácia através de *costumes da comunidade*, é conclusão que se assemelha, em última análise, à velha ideia que absolveu tantos maridos que assassinaram as suas esposas em nome da *legítima defesa da honra*.

Tal imposição cultural não pode ser confundida como expressão do *direito à diversidade*, pois esse direito só existe em função da *personalidade*, que exige respeito à *dignidade*, princípio ético sem o qual é impossível *viver bem* e informa tanto a necessidade (*i*) do *respeito próprio* quanto (*ii*) da *autenticidade*, ou seja, a responsabilidade de cada pessoa humana singular desenvolver a sua vida expressando seu estilo único. Logo, o *direito à diversidade* é expressão da *autenticidade*, que só pode ser verdadeiramente vivida através do *respeito próprio*. Uma pessoa até pode pensar, por exemplo, que a admissão de tradições religiosas ou comandos de uma militância sejam o caminho certo para a sua vida, o seu *bem viver*, mas isso deve ser o que ela pensa de forma autônoma e sem pressão de qualquer natureza.

É na qualidade de titular do direito à diversidade que a pessoa, respeitando-se e valorizando-se como indivíduo autônomo, pode rumar ao seu *best self*, porque cada pessoa, individual e exclusivamente, carrega consigo uma pessoa ideal, o arquétipo de um ser humano que é somente seu e, por este motivo, cabe somente a ela, individualmente, a responsabilidade pela tarefa de se harmonizar com essa unidade ideal.

Disso se extrai que o perigo do *identitarismo* está na sua aparente defesa da *diversidade*, que por ele é falseada como um esquema identitário impositivo, que tira do indivíduo o poder de construção da sua própria diversidade, forçando-o a viver conforme parâmetros predeterminados. Longe de humanizar a diversidade, a ação é, no fundo, desumanizadora na medida que afasta sua "clientela" da essência humana, que está além de todo atributo, reduzindo-a ao elemento identificador dentro do seu recorte e, por fim, subordinando a finalidade das suas vidas ao argumento fundamental heterodoxo, arbitrário e comunitário (monopólio da violência).

Portanto, nenhum tribunal e nenhuma causa de diversidade tem a faculdade de promover qualquer forma de discriminação. Uma diversidade exclusiva é uma diversidade preconceituosa, de maneira que não merece guarida desta *Declaração*.

DECLARAÇÃO UNIVERSAL DOS DIREITOS DA PESSOA HUMANA FORA DO ARMÁRIO

Artigo 11º

1. Toda pessoa acusada de um ato delituoso é presumida inocente até que a sua culpabilidade fique legalmente provada no decurso de um processo público em que todas as garantias necessárias à defesa lhe sejam asseguradas.

A primeira parte do artigo 11 reforça as disposições dos dois artigos imediatamente anteriores ao levantar, de forma objetiva, verdadeiro óbice à arbitrariedade. São estabelecidas, com suficiente clareza, as condições a serem observadas para que se possa cogitar de uma pena privativa de liberdade: (*i*) existência de provas admitidas pela legislação; (*ii*) observância do devido processo legal público; (*iii*) garantia de ampla defesa ao acusado; bem como, em razão do artigo anterior, (*iv*) imparcialidade do julgador; e, por fim, (*v*) verificação de equabilidade da decisão condenatória.

O presente dispositivo consagra o princípio da presunção de inocência, que é consequência lógica do reconhecimento da personalidade para todos os seres humanos. Uma vez que, definida a personalidade como substância transcendental que dota de razão cada indivíduo da humanidade, presume-se que todos, assim, somente pratiquem o bem (respeito); logo, nenhuma pessoa (ser humano com personalidade, racional, condicionado ao bem) pode, presumidamente, realizar o mal. Ou seja, porque a personalidade caracteriza o bem, a pessoa, diante do mal, goza sempre da presunção de inocência – que não deve ser sinonimizada pela expressão *presunção de não culpabilidade*, pois culpabilidade remete à evidência da culpa, o que faz dela um estado modulável (e, de igual forma, a não culpabilidade), enquanto a inocência é, sempre, uma característica absoluta, que não admite gradação.

Disso decorre que a diversidade expressada através do exercício livre (direito fundamental da liberdade) da personalidade (que, como qualidade da razão, deve observar a lei fundamental do respeito) nunca poderá ser motivo para condenação e, assim, nenhuma lei que a considere crime, contravenção ou ilícito de qualquer outra natureza poderá ter validez.

2. Ninguém será condenado por ações ou omissões que, no momento da sua prática, não constituíam ato delituoso conforme o direito interno ou internacional. Do mesmo modo, não será infligida pena mais grave do que a que era aplicável no momento em que o ato delituoso foi cometido.

Este segundo item consagra a principal regra do Direito penal moderno firmada a partir da iluminada inspiração jesuítica do filósofo fidalgo milanês Cesare Bonesana, o Marquês de Beccaria, em *Dei delitti e delle pene*, obra que, publicada em 1764, o imortalizaria: uma ação não pode ser considerada crime sem que exista, antes do seu acontecimento, lei que a defina como crime; considerada crime, o seu autor somente pode ser punido conforme aquilo que estiver estipulado no momento da sua ação.

Logo, ninguém pode ser constrangido por nenhuma autoridade de segurança pública ou outra do sistema jurisdicional em razão de atividade que não seja, previamente, considerada crime. Por exemplo, uma vez que se prostituir não é crime no Brasil (mas, sim, a promoção e a exploração da prostituição), um garoto de programa não pode ser coercitivamente retirado da rua por autoridade policial nem responder judicialmente por isso.

Artigo 12º

Ninguém sofrerá intromissões arbitrárias na sua vida privada, na sua família, no seu domicílio ou na sua correspondência, nem ataques à sua honra e reputação. Contra tais intromissões ou ataques, toda pessoa tem direito à proteção da lei.

O artigo 12 apresenta cinco elementos que, dentre tantos outros não elencados, compõem a personalidade individual; são eles: (*i*) vida privada, (*ii*) família e domicílio, (*iii*) correspondência, (*iv*) honra e (*v*) reputação. Uma vez que a confusão entre eles é bastante comum e quase unânime, cabe fazer uma rápida distinção dos conceitos.

Em primeiro lugar, *vida privada* não se confunde com *intimidade*, que, embora não mencionada, está implícita no texto quando diz "na sua família, no seu domicílio". *Intimidade* é aquilo que os romanos chamavam de *modus vivendi*, o modo de vida, ou seja, o conjunto de hábitos e rotinas de determinada pessoa e que engloba, necessariamente, as suas dinâmicas familiares e domiciliares. *Vida privada*, por sua vez, se refere aos segredos, desejos, apetites, sonhos, medos, sentimentos, metas etc.; um direito da personalidade que resguarda, por exemplo, a identidade e a sexualidade de cada um. Assim entendidos, é comum que a intimidade também esteja contida na vida privada, de modo que, a título de ilustração, a convivência domiciliar de amantes homossexuais deve ser protegida pelo Direito contra qualquer forma de perturbação – sequer podem ser impedidas por normas legais.

Quanto ao elemento *correspondência*, o artigo 12 vai muito além do popular direito ao sigilo de correspondência, pois, da maneira como está inserido no texto deste dispositivo, também considera fundamental o próprio direito de se corresponder livremente. Esses dois direitos, no âmbito da atual sociedade em redes, têm merecido redobrada atenção, seja pela facilidade da quebra da confidencialidade – uma vez rompida, a instantaneidade sem barreiras das novas tecnologias torna impossível qualquer medida de contenção do dano – seja em razão de decisões arbitrárias que impedem a interação de determinados "inimigos" em determinadas plataformas ou, ainda, pela indefinição da natureza jurídica das mensagens trocadas em plataformas de comunicação, especialmente quando estas possibilitam a formação de grupos (seus conteúdos são correspondências múltiplas ou simples conversas; se conversas, estão acobertadas pelo sigilo das comunicações telemáticas ou, diante da banalização dessa tecnologia, devem ser tratadas como as boas e velhas conversas presenciais informais?).

Por fim, o artigo destaca o direito à integridade da *honra* (dignidade subjetiva; imagem que o sujeito tem de si mesmo) e da *reputação* (dignidade objetiva; imagem social do sujeito – e, conforme tratei no artigo 6º, alcança também o chamado *corpo eletrônico*). Os direitos à honra e à reputação têm especial importância por sustentarem, diretamente, o comando mais importante desta *Declaração*, ou seja, a não discriminação.

Os direitos enaltecidos neste artigo são essenciais para a livre expressão da diversidade, pois asseguram que ninguém pode tolher a liberdade de quem quer que seja, esteja a pessoa dentro ou fora de qualquer armário. O presente artigo conclama o Direito para garantir uma efetiva proteção integral a todas as pessoas contra qualquer tipo de intromissão limitadora como, por exemplo, ameaças e ataques físicos ou verbais – disso decorre, como conclusão lógica, a impossibilidade de se falar em liberdade de expressão (inclusive de natureza religiosa) quando são afrontados os direitos fundamentais, notadamente os direitos à vida privada, à intimidade, de correspondência e de integridade da honra e da reputação (direitos inevitavelmente lesados em qualquer ofensa à expressão individual ou ao modo de viver).

A devida compreensão desses conceitos, insisto, é essencial. Afinal, o vigor e o frescor destas disposições, juntos, não foram suficientes para salvar a vida de Alan Turing, violado em todos os direitos afirmados neste exato artigo.

DECLARAÇÃO UNIVERSAL DOS DIREITOS DA PESSOA HUMANA FORA DO ARMÁRIO

Artigo 13º

1. Toda pessoa tem o direito de, livremente, circular e escolher a sua residência no interior de cada Estado.

A primeira parte deste artigo 13 consagra o direito de ir e vir e acrescenta, ao final, o direito de qualquer pessoa para, também livremente, escolher o local da sua residência dentro das fronteiras do seu país – direito este que não foi observado e garantido à população afrodescendente nos Estados Unidos da América até muito recentemente: pelo contrário, apesar deste direito fundamental e universal, bem como a despeito da própria Constituição estadunidense, muitas foram as regulamentações governamentais que sustentaram a legalidade da segregação residencial. Mesmo aos afrodescendentes que lutaram na Segunda Guerra Mundial – e venceram um regime que segregou judeus, primeiro, em guetos e, na sequência, em campos de extermínio (expressão mais adequada que a eufemística *campos de concentração*) –, quando voltaram para o seu país (ironicamente chamado de *Terra da Liberdade*), foi negada a hipoteca governamental garantida (garantida aos caucasianos) para aquisições imobiliárias. Deveriam, como os judeus na Alemanha nazista, permanecer em guetos. *Lutar contra os guetos e retornar para os guetos*: esse foi o prêmio aos vitoriosos soldados pretos de um país que tem justificado guerras em nome dos direitos da pessoa humana.

Na ausência de normas que instituam a segregação residencial, ela também decorre do preconceito, uma falha de espírito presente em qualquer canto deste planeta. Por essa razão, surgem os bairros *gays*, as vizinhanças nacionais, as comunidades religiosas etc. Mesmo na falta de atos normativos que impeçam a residência de alguém em algum lugar por alguma "razão", atos discriminatórios motivados por preconceito que ferem a dignidade da pessoa atuam para uma odiosa demarcação cultural de distritos que, ao invés de evoluírem na estrada integrativa da civilização, fazem a humanidade retroceder para a inimizade das tribos, onde, distante do ideal jurídico, impera a força e, assim, qualquer desumanidade é plenamente possível (e aceita localmente com lamentável naturalidade).

Cabe ainda destacar que a combinação dos direitos fundamentais de (*i*) livre circulação e (*ii*) fixação de moradia tem levado muitos operadores do Direito, especialmente em países com problemas endêmicos de habitação e renda (caso brasileiro), à defesa da uma tese canhestra: o "direito" de permanecer ao longo do ir e vir, o que permite, inclusive, a fixação de moradia em espaços públicos – que, assim, deixam de ser efetivamente públicos. Essa defesa é pura expressão da estupidez, pois, ao mesmo tempo que discrimina pessoas ao garantir que uns (os menos favorecidos) tenham mais direitos sobre a coisa pública que os outros (os inquilinos ou proprietários de imóvel residencial), perpetua e incentiva a indignidade dos primeiros. A perversidade é tamanha que os defensores mais *tarados* dessa tese fundamentam a indignidade das pessoas em situação de rua no direito de autodeterminação; logo, em razão de uma falaciosa liberdade de escolha, deve-se "respeitar" essa indignidade fática, porque ela expressaria a dignidade daquele que "escolheu" estar na rua exposto a todos os males... Ignoram, todavia, que o Direito nunca garante nem protege a escolha do mal, inclusive contra si próprio.

2. Toda pessoa tem o direito de deixar o país em que se encontra, incluindo o seu, e o direito de regressar a ele.

Encaro este item como o mais capcioso (e problemático) dispositivo de toda a *Declaração*. Para compreendê-lo, ele deve ser dividido em três direitos fundamentais, que são identificados pelos três verbos empregados no seu texto; respectivamente: (*i*) *encontrar/estar*, (*ii*) *deixar/sair* e (*iii*) *regressar/voltar*. A partir dessa divisão, o dispositivo pode ser lido de duas formas diferentes.

A primeira delas sugere um direito fundamental ao mais livre e irrestrito trânsito das pessoas entre os países: *toda pessoa, sem exceção, tem o direito de (i) estar em qualquer país (seu país de origem, de residência ou qualquer outro país da Terra), (ii) sair deste país no qual se encontra e, saindo, (iii) voltar para este mesmo país.*

Analisado mais atentamente, uma vez que o texto original destaca a expressão "incluindo o seu", fica claro que este comando versa sobre migrações internacionais, de forma que a leitura mais apropriada é a seguinte: *toda pessoa tem o direito de (i) estar em qualquer país além do país de sua própria nacionalidade ou residência (viajar para qualquer país estrangeiro), (ii) sair desse país para o qual viajou e no qual se encontra (sair desse país estrangeiro), do mesmo modo que, antes, saiu do seu país (sair do próprio país), e (iii) voltar outras vezes para esse país estrangeiro (repetir a viagem) e, sucessivamente, sempre regressar ao seu (regressar ao próprio país).*

De fato, o livre trânsito internacional é um direito fundamental. Contudo, o texto não fala em *permanecer* e, por isso, confere aos Estados a competência para legislar sobre o tempo de permanência de um estrangeiro em seu território. Ademais, apartado do primeiro item, esse segundo dispositivo informa que a pessoa não tem direito de escolher e fixar residência em Estado que não o seu.

Corpo estranho nesta *Declaração*, o presente item é uma garantia aparente às pessoas humanas, pois, na realidade, é garantia política discricionária aos governos dos Estados – e é por esse motivo que o texto não é explícito (fosse, arruinaria os fundamentos da universalidade e da igual dignidade entre as pessoas, pois a sua real compreensão faculta discriminações baseadas na nacionalidade).

Muito embora a pungentemente implícita questão da permanência legitime a dinâmica dos vistos entre os países, seja pela leitura isolada deste artigo seja pelo conjunto de dispositivos desta *Declaração*, tais vistos de ingresso e permanência não podem ser embasados em nenhum outro critério que não o temporal. Em outras palavras, um estrangeiro só pode ser retirado de um país ou ter seu visto negado mediante comprovado desrespeito ao critério temporal de permanência.

Portanto, as devassas na intimidade, na vida privada, no sigilo bancário e fiscal de um aplicante a qualquer visto são condutas desumanas absolutamente contrárias à *Declaração*. O mesmo se aplicada às inquisições alfandegárias para ingresso no país. Contudo, quantas pessoas no mundo não têm, a cada instante, a entrada negada em países mais desenvolvidos, especialmente quando provenientes de países subdesenvolvidos ou em razão da pobreza estampada em suas roupas ou na aparência física? Quantas pessoas não podem sequer sonhar em viajar para um país inimigo? Infelizmente, a desumana negativa discriminatória deste direito fundamental é praticada, em ininterrupta escala industrial, a cada minuto de todos os dias pelos Estados que lideram as Nações Unidas.

Apesar da hábil legitimação do visto neste *corpus* humanitário, esse recurso para o trânsito pessoal entre os países apenas tem perpetuado a exclusão humana através de modelos político-jurídicos de fronteiras que reduzem a pessoa estrangeira, na melhor das hipóteses, ao papel de migrante internacional. Por qualquer ângulo que se analise, trata-se de uma legitimação para discriminar em virtude do preconceito nacional, o que torna qualquer pessoa (já reduzida de divindade a máscara) culpada antes mesmo de informar o nome.

Artigo 14º

1. Toda pessoa vítima de perseguição tem o direito de procurar e gozar de asilo em outros países.

Asilo vem do latim, *asylum*, que significa lugar inviolável, de refúgio e imunidade. Este primeiro item do artigo 14 trata do asilo político. Concedido mediante requerimento prévio fundamentado a país estrangeiro que, aprovando-o, recebe e passa a abrigar, em sua embaixada (asilo diplomático) ou em seu próprio território (asilo territorial), o indivíduo politicamente perseguido e, por isso, sistematicamente violado em seus direitos fundamentais no seu país de origem. Muito embora o presente dispositivo estabeleça o direito ao asilo para a pessoa humana, não estipula a concessão de asilo como dever dos Estados membros das Nações Unidas.

Asilo não deve ser confundido com refúgio. Enquanto o asilo é uma medida de caráter político, o refúgio tem caráter humanitário e é regulamentado pelo Alto Comissariado das Nações Unidas para os Refugiados (ACNUR). O refúgio pode ser concedido ao migrante que já está em território estrangeiro por fundado temor de perseguição em função, por exemplo, de cor, etnia, religião, nacionalidade, grupo social, ideologia e sexualidade. Enquanto tramita o processo de refúgio, pedidos de expulsão ou extradição ficam suspensos.

Ainda com relação ao refúgio, deixando de lado a questão do preconceito, ele tem desafiado até mesmo os governos mais receptivos a encontrar soluções que promovam não somente o equilíbrio entre o acréscimo populacional e a economia interna do país, mas que também integrem essa nova população ao idioma e à rotina nacional, bem como respeitem a diversidade das novas culturas naquilo que podem, é claro, ser admitidas e respeitadas. Neste quesito cultural, contra o sucesso dessa medida humanitária pesa a atuação das militâncias identitárias com suas políticas multiculturais, que têm levado países substancialmente garantidores dos direitos fundamentais a admitir exceções desumanizadoras à população imigrante.

O *identitarismo* não pode ser confundido com *identidade*, porque é movimento político-social divorciado de uma genuína luta pela identidade. Embora se apresente como luta pela identidade, trata-se de uma identidade aparente, partidariamente engendrada, pois propugna, na realidade, a quebra da verdadeira identidade pessoal, que é naturalmente personalíssima, humanamente individual. Em outras palavras, *o identitarismo, derivado da identificação e não da identidade*, promove uma alteração quase que imperceptível do conceito de diversidade: de algo que promove a individualidade por caracterizar a personalidade (identidade que tem começo e fim no próprio indivíduo) para um elemento anterior que moldaria a própria personalidade (a identificação da identidade dentro do rol apresentado pela militância). Movimentadas e embaralhadas, sutilmente, as balizas da matéria, o identitarismo obnubila o tema para fazer prevalecer o insustentável equívoco de que o direito à diversidade é anterior à própria personalidade individual.

É invocando, portanto, os direitos de liberdade e identidade que alguns grupos têm exigido a sobreposição de suas regras (*subdireitos*) ao Direito – argumentam que o Direito não pode limitar suas condutas, uma vez que o Direito lhes franqueia e garante a diversidade, que, sem liberdade, seria uma quimera. São grupos que visam a garantia apenas da sua diversidade específica, pois reclamam *status* privilegiado sobre outras diversidades para que a sua liberdade seja absoluta e, assim, reste legitimada, inclusive, para condutas que prejudiquem pessoas ou grupos. O identitarismo aniquila o ideal de pluralidade através de uma deliberada confusão: transforma a luta pelo Direito nos direitos em luta.

O resultado tem sido desastroso para a universalidade dos direitos fundamentais. Na Inglaterra, por exemplo, funcionam 85 tribunais religiosos baseados na *Sharia*, a lei islâmica, que deliberam não somente sobre assuntos matrimoniais dos muçulmanos, mas também financeiros. Em Kassel, na Alemanha, uma corte federal chegou a seguir a *Sharia* ao estipular que uma viúva teria de dividir a pensão do marido com sua segunda esposa, apesar de a poligamia ser ilegal no país. Mesmo na França, mais de 600 regiões são controladas por muçulmanos, que não permitem a entrada de infiéis, existindo nelas, inclusive, placas alertando os visitantes de que eles estão entrando em uma zona islamita. São excrecências civilizacionais que diminuem o valor dos direitos fundamentais em países que buscam aplicá-los. Ou seja: são parasitas da civilização.

2. Este direito não pode, porém, ser invocado no caso de perseguição motivada por crime de direito comum ou por atividades contrárias aos fins e princípios das Nações Unidas.

É claro que não tem direito ao asilo (nem ao refúgio) a pessoa que é acusada pela prática de "crime de direito comum" (e não político), como matar, roubar, sequestrar, estuprar etc., que é investigado e julgado conforme as garantias do devido processo legal, nem qualquer pessoa impedida de realizar quaisquer ações que contrariem a universalidade da dignidade, da igualdade e da liberdade pessoal ou as coloquem em risco, perturbando a segurança e a harmonia social. Por essa mesma razão, não é racional que asilados ou refugiados tenham direito à prática de costumes que, no seu âmbito familiar ou comunitário, violem qualquer outro direito fundamental da pessoa humana.

Os direitos desta *Declaração* não podem garantir a violação dos seus próprios direitos.

Artigo 15º

1. Todo indivíduo tem direito a uma nacionalidade.

O direito à nacionalidade é o direito que a pessoa tem de ser inserida, estar ligada ao Estado em que nasceu ou do qual seus pais, sujeitos ainda nacionais de determinado Estado, são provenientes para que tenha a sua personalidade juridicamente reconhecida e goze, então, da proteção dos seus direitos na qualidade de cidadã. A nacionalidade, assim, é um atributo jurídico que se encontra acima de qualquer identificação cultural e que acompanha o indivíduo, como uma sombra, ao longo de seus deslocamentos dentro e fora do Estado (aliás, conforme o artigo 13, 2, ela é verdadeiro pré-requisito migratório).

A nacionalidade precede a cidadania do indivíduo dentro do seu país e possibilita o gozo de direitos àqueles que migram para outro (inclusive, insisto, para migrar). Enquanto a nacionalidade é um atributo pessoal não modulável, a cidadania, por sua vez, embora também não o seja quanto ao reconhecimento da personalidade e à proteção dos direitos que dela decorrem, pode ser modulada naquilo que tange aos direitos políticos. Por exemplo: um nacional e um estrangeiro com cidadania em determinado Estado gozam dos mesmos direitos e deveres civis, mas só o nacional pode concorrer a determinados cargos políticos ou ser indicado para determinadas posições políticas – o que, é claro, varia de acordo com o ordenamento jurídico de cada Estado, de forma que é possível, a depender das leis, que um nacional e um estrangeiro cidadão gozem, em absoluto, dos mesmos direitos e deveres civis e políticos (caso no qual se esvaziam as diferenças entre nacionalidade e cidadania). A diferenciação entre nacionalidade e cidadania é, em resumo, uma forma de discriminação; mesmo que sutil, remonta ao arcaico pensamento de superioridade do povo nacional.

2. *Ninguém pode ser arbitrariamente privado da sua nacionalidade nem do direito de mudar de nacionalidade.*

A discriminação, ao longo da História, baniu muitos homens do gozo dos seus direitos. Mesmo na antiga Grécia, contrariamente ao que diz a mentira tornada verdade pela insistente repetição irresponsável de pseudointelectuais avessos à pesquisa, a homossexualidade, como a encaramos hoje, era considerada abjeta, principalmente se fosse causa de efeminação. No que tange ao intercurso homossexual masculino, tolerou-se – nas classes abastadas e, mesmo assim, longe de qualquer unanimidade – a relação entre mentor e pupilo, que não poderia ter mais do que 14 anos de idade, momento em que passava a ser considerado homem (logo, não era tratada como homossexualidade, porque o menino ainda não era homem). Quanto ao mentor, já homem, ele somente poderia praticar sexo ativo, ou seja, penetrar o pupilo – entre homens, o sexo homoerótico passivo era papel de escravos, prostitutos e gentios, de maneira que o cidadão grego que o praticasse era rebaixado.

É partir desta *Declaração*, portanto, que passam a ser absolutamente reprováveis quaisquer rebaixamentos ou banimento da própria nacionalidade ou cidadania a título de penalidade à livre expressão da diversidade que decorre da personalidade de cada indivíduo, que, da mesma maneira, não pode ser perseguido simplesmente por expressar essa diversidade. No entanto, se uma nacionalidade primária (qualidade nata) só pode ser, eventualmente, "perdida" na hipótese da aquisição de uma nova nacionalidade (qualidade adquirida) por livre escolha do indivíduo, a adquirida, por seu turno, pode ser perdida mediante devido processo legal fundado em atividades nocivas ao interesse nacional – mas nunca de forma arbitrária.

Cumpridos os requisitos legais do país, imigrantes residentes, refugiados e asilados poderão adquirir nova nacionalidade. Da mesma forma, os apátridas (pessoas cuja nacionalidade não tem sido reconhecida por nenhum país; fato que ocorre, comumente, por motivo de discriminação e conflito de leis).

Artigo 16º

1. A partir da idade núbil, o homem e a mulher têm o direito de casar e de constituir família, sem restrição alguma de raça, nacionalidade ou religião. Durante o casamento e na altura da sua dissolução, ambos têm direitos iguais.

Em 1948, a Psiquiatria – ainda uma pseudociência médica – motivava a segregação de homossexuais, considerados "doentes" até o raiar da década de 1990. É por essa razão que o quesito sexualidade não poderia estar contido no trecho "sem restrição alguma de raça, nacionalidade ou religião". Todavia, descaracterizada a homossexualidade, definitivamente, como psicopatologia ou qualquer outra anormalidade, em virtude da cuidadosa escolha das palavras empregadas no texto do presente dispositivo – que lhe conferiram plena adaptabilidade evolutiva e, portanto, perene atualidade –, há décadas, o casamento homossexual também emana como direito literalmente garantido, pois:

(*i*)   ao dispor que "o homem e a mulher têm o direito de se casar e de constituir família", rejeitou que esse direito fosse restrito à hipótese de *casar e constituir família entre si*, de modo que, literalmente, tanto o homem quanto a mulher têm o direito de fazê-lo de forma autônoma, de acordo com a sua livre vontade, ou seja, tanto o homem tem o direito de casar e constituir família com quem ele desejar (homem ou mulher) quanto tem a mulher exatamente o mesmo direito;

(*ii*)   o trecho "sem restrição alguma de raça, nacionalidade ou religião" é meramente exemplificativo e não taxativo (hipótese que não permite inclusão de outros critérios);

(*iii*) mesmo que fossem critério taxativos, a partir do momento em que a ciência derruba o conceito de raças ao comprovar que, em relação à humanidade, só é possível falar em uma raça, a raça humana, o termo *racismo* passou a significar *qualquer ação discriminatória motivada por preconceito a qualquer expressão da diversidade que marca a personalidade humana*, de modo que, se a sexualidade é expressão da personalidade de cada um, dizer que o casamento e a constituição de família não podem ser negados em virtude de raça é o mesmo que dizer que eles não podem ser restringidos em razão da sexualidade; e, por fim,

(*iv*) restringir o casamento e a família como instituições heterossexuais seria contradizer todos os artigos da *Declaração*, já que promoveria uma discriminação com base em preconceito.

Portanto, verificadas a autonomia da vontade e a idade núbil, todas as pessoas, por livre e espontânea vontade, têm o direito de casar e constituir família, independentemente do sexo, da sexualidade, da identidade de gênero ou de qualquer outra expressão da personalidade. Ademais, porque a igualdade jurídica é princípio que nunca cessa, antes, durante e ao término do casamento – ao mencionar "dissolução", a *Declaração* também incluiu, sutilmente, o divórcio como direito fundamental –, ninguém pode ter mais ou menos direito que o outro.

Nesse sentido, se a instituição do casamento e a constituição de família são realidades protegidas por qualquer ordenamento jurídico sintonizado com estes direitos fundamentais, não poderão ser um privilégio de heterossexuais. Tanto a norma que estipular o casamento como ato privativo entre um homem e uma mulher quanto a norma que o proibir aos homossexuais serão discriminatórias e estarão, ambas, em desconformidade com os direitos fundamentais. Logo, se existirem tais normas em qualquer país membro das Nações Unidas, elas deverão ser, via Corte Constitucional, adequadas no primeiro caso (a norma restritiva a heterossexuais deve ser estendida a homossexuais) e banidas no segundo. Foi o que aconteceu no Brasil quando, em 2011, o Supremo Tribunal Federal reconheceu a necessária igualdade entre as uniões heterossexuais e homossexuais.

2. O casamento não pode ser celebrado sem o livre e pleno consentimento dos futuros esposos.

Ao requisito "idade núbil" (traduzido por alguns juristas como "maioridade") da primeira parte deste artigo, acrescenta-se "o livre e pleno consentimento". De fato, antes da "idade núbil", da "maioridade", é comum que os ordenamentos jurídicos considerem as pessoas incapazes para os atos da vida civil (o casamento é um deles); sem atingir certa faixa etária, portanto, uma pessoa não pode emitir consentimento válido, uma vez que cérebro e intelecto não se encontram suficientemente desenvolvidos. Disso decorre que, mesmo que o requisito "idade núbil" não fosse mencionado, a indispensabilidade do "livre e pleno consentimento" inviabilizaria a defesa do casamento com crianças e jovens adolescentes, pois continuariam incapazes para consentir.

Tão essencial é "o livre e pleno consentimento", que o casamento forçado é considerado uma forma de escravidão e, certamente, também uma modalidade de estupro continuado.

3. A família é o núcleo natural e fundamental da sociedade e tem direito à proteção da sociedade e do Estado.

Este famoso dispositivo, lamentavelmente usurpado e constantemente distorcido por pseudoconservadores ou estúpidos reacionários, é, na realidade, uma premissa singelamente profunda e importante. Afirma aquilo que deve ser dito sobre todas as instituições que colaboram para o desenvolvimento pessoal orientado ao bem social: *todas as coisas que existem e promovem o bem da humanidade são elementares à civilização e têm direito à proteção da sociedade e do Estado.*

DECLARAÇÃO UNIVERSAL DOS DIREITOS DA PESSOA HUMANA FORA DO ARMÁRIO

Artigo 17º

1. Toda pessoa, individual ou coletivamente, tem direito à propriedade.

Seja individual (de um indivíduo) seja coletivamente (de dois ou mais indivíduos, com ou sem formalidades, constituindo ou não uma empresa, uma pessoa jurídica), todos têm direito à propriedade de todas as coisas materiais e imateriais que lhes pertencem. Esse direito é fundamental também à vida no ciberespaço, no qual abastecemos e enriquecemos continuamente as companhias tecnológicas com nossos dados pessoais – bens imateriais de nossa propriedade – numa dinâmica exploratória de ininterrupto desrespeito ao direito de propriedade. Na atualidade, portanto, o direito fundamental à propriedade é desafio que se renova através do chamado corpo eletrônico e que coloca à prova, mais uma vez, a razão humana.

2. Ninguém pode ser arbitrariamente privado da sua propriedade.

Tal direito remonta à *Magna Carta* de 1291, peça básica da constituição inglesa e de todo constitucionalismo. Ninguém pode, sem justo motivo de Direito ou prévia decisão tomada conforme o devido processo legal (afinal, nenhum direito pode ser, pela própria definição de Direito, absoluto), ser impedido de acessar e gozar do bem de sua propriedade nem perder esse bem, cabendo salientar que nenhum motivo e nenhuma decisão judicial podem ser reputados justos quando representarem qualquer forma de discriminação pessoal.

Artigo 18º

Toda pessoa tem direito à liberdade de pensamento, de consciência e de religião; este direito implica na liberdade de mudar de religião ou de crença, bem como a liberdade de manifestar a religião ou a crença, sozinho ou coletivamente, tanto em público quanto em privado, pelo ensino, pela prática, pelo culto e pelos ritos.

"A esta altura, espero que o leitor já tenha assimilado a lição de que a liberdade pessoal (ou racional) não pode ser confundida com a liberdade selvagem. Por se tratar de direito fundamental que é universal a todas as pessoas, a liberdade pessoal não existe na prática de qualquer ação de desrespeito próprio ou contra outro – inclusive porque o Direito, também definido como intolerância à intolerância, não pode cogitar, por essência, de uma liberdade contra a liberdade, ou seja, de qualquer liberdade para praticar ou promover atos de intolerância. Ademais, em artigos anteriores, já nos deparamos com disposições que limitam a liberdade pessoal.

A liberdade pessoal somente não encontra limites no nosso pensamento (onde "residem" a consciência e a fé). Convertido o pensamento em ações (palavras, atos e omissões), somente as ações racionais são garantidas por esse direito fundamental, haja vista que a liberdade racional não admite (porque lhes são estranhas, incompatíveis com a sua natureza) ações irracionais; essa liberdade é ilimitada dentro da razão, que impõe o dever do respeito à diversidade. O peso da glória humana (a personalidade que dignifica o ser e que o torna titular de direitos fundamentais) é a racionalidade; por isso, não há – porque inexiste – qualquer direito à irracionalidade (desrespeito).

Se é um direito fundamental da pessoa a plena liberdade para ter, não ter ou mudar a sua religião, a mesma plenitude, porque extrapola o campo do pensamento e da livre escolha individual, não qualifica a liberdade de manifestação religiosa, pois como qualquer outra liberdade da pessoa, como qualquer outro direito, mesmo quando fundamental, nunca pode ser ilimitada (quero

DECLARAÇÃO UNIVERSAL DOS DIREITOS DA PESSOA HUMANA FORA DO ARMÁRIO

dizer: é ilimitada enquanto respeitosa, enquanto não acarretar dano físico, material ou moral ao próprio sujeito religioso ou a qualquer outra pessoa).

É comum, por exemplo, que entidades religiosas desprestigiem as mulheres em favor dos homens. Esse pensamento de natureza discriminatória para o direito moderno e cuja origem se perde na noite dos tempos modulou, até meio século atrás, o próprio ordenamento jurídico, havendo, ainda hoje, quem defenda que as entidades religiosas, por serem privadas e frequentadas espontânea e voluntariamente por pessoas que se refletem numa determinada multividência e que podem, sempre que o desejarem, abandoná-las, não podem ser responsabilizadas por discurso discriminatório contra as mulheres.

Mas nem sempre é assim. Muitas vezes, na prática, é inútil falar em voluntariedade para refutar a discriminação confessional, sendo quimera quando a mulher – mesmo que, da boca pra fora, alegue ser a sua vontade – for dependente econômica e socialmente do chefe da família e, mais ainda, quando não tiver instrução e qualificação para buscar sustento fora do lar (realidade comum, por exemplo, às mulheres muçulmanas e judias ultra ortodoxas). Logo, em situações de dependência, incapacidade ou desqualificação técnica da mulher, seria injusto deixar de responsabilizar a entidade religiosa por expressões que lhe diminuam a dignidade existencial.

O mesmo raciocínio se aplica aos discursos que envolvem questões de sexualidade e identidade de gênero, desde os que pregam que o sexo só pode ser feito dentro do matrimônio para fins de procriação até os que abordam negativamente as relações homossexuais e outros aspectos da sexualidade. Ao falar de sexualidade e identidade de gênero, o discurso religioso não pode intimidar e prejudicar o desenvolvimento psicossocial saudável dos ouvintes. Aversão, ostracismo e abnegações devem ser punidos sempre.

Qualquer expressão, mesmo que religiosa, que apele à hostilidade, à violência, ao ódio ou represente qualquer forma de discriminação pessoal jamais pode ser admitida.

Artigo 19º

Todo indivíduo tem direito à liberdade de opinião e de expressão, o que implica no direito de não ser por elas censurado e de procurar, receber e difundir, independentemente de fronteiras, informações e ideias por qualquer meio.

Opinar é dizer, contar, manifestar através de elementos sígnicos como as palavras. À defesa das palavras como mera opinião a ser protegida e intocada em nome do direito fundamental à livre expressão do pensamento, há que se contrapor o seguinte: *cada pessoa tem o mais absoluto e irrestrito direito de expressar a sua opinião apenas sobre a própria vida e não sobre a de outro.*

Contudo, ensina Plutarco, é difícil empreender a cura da tagarelice, "pois seu remédio, a palavra, é feito para aqueles que ouvem, e os tagarelas não ouvem ninguém, já que estão sempre falando", mesmo que a natureza não tenha protegido "nada com tanto cuidado em nós como a língua, diante da qual postou a guarnição dos dentes para que, se ela não obedecer às 'rédeas rutilantes' que o pensamento puxa para dentro e se não se contiver, nós possamos controlar sua incontinência mordendo-a até arrancar sangue"[34]. Resta, então, tolerar a opinião alheia no limite do seu potencial ofensivo, ou seja, enquanto não for desrespeitosa. Logo, a liberdade de opinião, dentro ou fora do espectro religioso, não pode ser invocada para blindar qualquer palavra, escrita ou falada, e qualquer outro signo que ofendam, injustamente, qualquer outra pessoa que não o próprio tagarela.

Expressar, por seu turno, é algo mais amplo; quem opina se expressa, mas quem expressa nem sempre opina, de modo que a liberdade de expressão ultrapassa a liberdade de discurso e, englobando-a, reflete com maior exatidão a realização do discurso, o que, portanto, abrange todas as liberdades pessoais que seguem a liberdade de pensamento e consciência. A liberdade de expressão

---

[34] PLUTARCO. *Sobre a tagarelice; Sobre a demora da justiça divina; Das doenças da alma e do corpo.* São Paulo: Landy Editora, 2008, p. 11.

DECLARAÇÃO UNIVERSAL DOS DIREITOS DA PESSOA HUMANA FORA DO ARMÁRIO

se inicia com a deliberação da revelação ou não ao mundo desse pensamento, dessa consciência da pessoa e, em caso afirmativo, ela continua através da liberdade da sua manifestação discursiva, ou seja, da opinião que comunica, informa aos outros sobre tal consciência e, por fim, tem seu ápice com a prática, com a aplicação do que pensa, diz e sente na sua própria vida de relação. Liberdade de expressão quer dizer, em poucas palavras, o direito ao livre-arbítrio, o direito à liberdade para se viver de acordo com a própria e particular diversidade que decorre da personalidade. É a liberdade para viver fora do armário.

Decorre da presunção de racionalidade que a expressão deve ser livre e, por isso, não passível de censura nem controle de informação, o que, aliás, é essencial para a formação das convicções verdadeiramente éticas da pessoa. Presumida racional, toda pessoa sempre é livre para se expressar, mas nunca é livre da responsabilidade que lhe impõe a racionalidade; a responsabilidade de respeitar-se e respeitar o outro; a eterna observância da lei fundamental do respeito.

Toda e qualquer modalidade de liberdade pessoal – especialmente nestes tempos em que a mentira, sob o rótulo de *Fake News*, apresenta um grau de lesividade incomparável, um poder de dano que, em decorrência das tecnologias que derrubaram todas as fronteiras nesta era digital, jamais teve ao longo da história da humanidade – deve ser exercida com absoluta responsabilidade pessoal, ou seja, dentro dos limites da razão (respeito), que é o grande dever da personalidade, sem a qual, nunca é demais repetir, inexiste para o ser humano qualquer direito.

Artigo 20º

1. Toda pessoa tem direito à liberdade de reunião e de associação pacíficas.

O propósito pacífico, ou seja, a condição de não desrespeitar, de qualquer maneira (por palavras ou ações), o outro, os outros ou a si mesmo, de não promover, em suma, nenhum dano, é condição insuperável para que se pense em liberdade de reunião e de associação, desde uma reunião festiva para celebrar a diversidade até aquelas com finalidade religiosa ou para militância política. Observada essa condição, ninguém pode ser privado desse direito, que se estende (acompanhado do dever de pacificidade que o precede), aliás, a reuniões, grupos, canais, listas e congêneres criados no ciberespaço.

2. Ninguém pode ser obrigado a fazer parte de uma associação.

Da mesma maneira que ninguém pode, por um lado, ser impedido de se reunir ou se associar com outros para qualquer finalidade (desde que pacífica), decorre que ninguém pode, por outro, ser obrigado a fazer parte de nenhuma reunião, associação ou militância contra a sua vontade. Aliás, quanto ao presente dispositivo, verdadeira *proibição fundamental*, vale relembrar que, se existe um lugar onde a pessoa pode ser ilimitada e inconsequentemente livre, esse lugar é a sua própria consciência – e apenas esse lugar. Aliás, nestes tempos de exacerbada polarização política, a presente regra se aplica também ao proselitismo político raivoso e ressentido: é também condenável e desumano obrigar alguém a se manifestar sobre determinada causa ou assumir qualquer candidato sob qualquer pretexto, bem como intimidar ou ofender aquele que se negue à adesão (seja se mantendo silente seja expressando a sua contrariedade ou a sua oposição).

DECLARAÇÃO UNIVERSAL DOS DIREITOS DA PESSOA HUMANA FORA DO ARMÁRIO

Artigo 21º

1. Toda pessoa tem o direito de tomar parte no governo do seu país, quer diretamente, quer por intermédio de representantes livremente escolhidos.

O presente artigo declara o regime democrático como direito fundamental da pessoa humana. Conceitualmente confundidas com bastante frequência, é importante diferenciar democracia e civilização: a democracia é uma das obras da humanidade que representa, ao lado de tantas outras (como esta *Declaração*), a civilização, que é, portanto, o conjunto de todas essas obras que a identificam. Se a civilização pode ser vista como uma estrada pavimentada e cheia de recursos para acomodar todas as pessoas com igualdade, a democracia é o processo de pavimentação que procura estabelecer ligações com todas as outras obras que compõem a civilização.

A democracia é o processo de pavimentação mais eficaz nessa estrada que é a civilização, que permite a livre velocidade limitada ao respeito, mas não tem destino predeterminado, razão pela qual a democracia nada promete quanto ao prazo e ao sucesso da empreitada. Mesmo assim, é processo ininterrupto e de contínuo aperfeiçoamento com base na satisfação de um povo que dele goza livremente e por ele é responsável igualmente, de maneira que deve participar diretamente dele ou nele se fazer representar corretamente, sob pena de atrasar ou, até mesmo, destruir a obra.

Como processo, então, a democracia se iguala à ciência: não há promessa, só tentativa e erro em busca de um estágio sempre melhor que o antecedente. Logo, se a ciência é o método para a verdade, a democracia é o método para a civilização.

2. Toda pessoa tem igual direito de acesso aos serviços públicos do seu país.

Se todos carregam a mesma dignidade existencial, todo direito e todo serviço público estatal devem ser gozados por todos de

129

igual forma, ou seja, sem privilégios nem discriminações pessoais preconceituosas – afinal, privilegiar é o mesmo que discriminar. A título de exemplo, se o direito serve ao casal heterossexual, deve servir, em pé de igualdade, ao casal homossexual; se a saúde pública atende às necessidades para manutenção da vida digna do indivíduo cisgênero, deve fazê-lo para o transgênero. Em resumo, nenhum serviço público (cartórios, tribunais, hospitais, empresas públicas, escolas, delegacias etc.) pode ser negado ou oferecido com menor eficiência em razão de preconceito de qualquer natureza.

3. A vontade do povo é o fundamento da autoridade dos poderes públicos e deve ser expressa através de eleições periódicas e legítimas, respeitando-se o sufrágio universal e igualitário, o voto secreto ou processo equivalente que salvaguarde a liberdade do voto.

Declarado como direito fundamental, o regime democrático deve atender, minimamente, a quatro elementos característicos básicos: (*i*) a vontade popular como centro de legitimidade do poder; (*ii*) a expressão dessa vontade através de eleições periódicas com regras predefinidas; (*iii*) a universalidade e a igualdade dos votos nas eleições; e (*iv*) o voto secreto ou a adoção de procedimento que garanta a escolha livre e sem qualquer constrangimento.

Importa destacar, por fim, que este item só apresenta os elementos para a escolha das autoridades. Nada dispõe sobre os poderes e limitações das autoridades escolhidas nem confere a elas nenhum poder para relativizar, reduzir ou aniquilar qualquer direito fundamental.

Artigo 22º

Toda pessoa, como membro da sociedade, tem direito à seguridade social e pode, legitimamente, exigir a satisfação dos direitos econômicos, sociais e culturais indispensáveis à sua dignidade e ao livre desenvolvimento de sua personalidade pelo esforço nacional, pela cooperação internacional, e de acordo com a organização e os recursos de cada país.

O artigo 22 da *Declaração* consagra a questão social, pois o mesmo liberalismo que, do século XIX aos primeiros anos do século XX, elevou o indivíduo, definitivamente, à condição de pessoa livre e, em igual medida, dotada de razão, vergonhosamente negligenciou as pré-condições da realidade entre as pessoas, ou seja, a profunda desigualdade de conhecimento, oportunidades e meios. Levada às últimas consequências, a premissa da liberdade pouco resolveu a miserabilidade da classe trabalhadora denunciada na obra de Marx.

Este é, certamente, o único saldo positivo do pensamento marxista: a proteção da classe trabalhadora através de um sistema de seguridade social que estruture e efetive medidas que atendam às suas necessidades econômicas para subsistência e possibilitem o gozo de uma vida social e cultural com dignidade. A elevação desse sistema a direito fundamental é condição essencial para a manutenção da estabilidade das instituições liberais, únicas garantidoras da continuidade do processo de desenvolvimento econômico; ou seja, é medida que reverencia tanto o empregado quanto o empregador e, consequentemente, beneficia toda a sociedade.

Como qualquer outro direito fundamental, deve ser garantido a todas as pessoas sem discriminação oriunda de qualquer tipo de preconceito.

Artigo 23º

1. Toda pessoa tem direito ao trabalho, à livre escolha do trabalho, a condições justas e favoráveis de trabalho e à proteção contra o desemprego.

O artigo 23 dá continuidade à temática aberta pelo artigo anterior e, logo neste primeiro item, consagra (*i*) o direito ao trabalho em condições justas e favoráveis, (*ii*) o princípio da livre escolha do trabalho e (*iii*) o direito à proteção contra o desemprego.

Se a dignidade existencial é condicionada pelo trabalho, que confere condições materiais para a experimentação da personalidade, esse trabalho não pode tomar tempo demasiado da vida do trabalhador nem prejudicar a sua integridade física e psíquica. Uma vez que o tempo de trabalho ocupa parte considerável da vida da pessoa, a livre escolha do trabalho, ou seja, a autodeterminação profissional, aparece como princípio que decorre da livre experimentação e realização da personalidade. Por fim, se a dignidade não pode ser suspensa ou interrompida, devem existir medidas de proteção contra o desemprego.

2. Todos têm direito, sem discriminação alguma, a igual remuneração por igual trabalho.

A discriminação salarial é problema que ainda assombra os nossos dias e revela o quão distantes estamos do ideal reconhecimento universal e igualitário da dignidade existencial. A verificação da igualdade salarial entre pessoas diversas por igual trabalho realizado, especialmente quando inseridas em grupos de poder político minoritário, é um dado objetivo bastante significativo sobre o desenvolvimento civilizacional de um povo. Todavia, antes dessa verificação, é mais importante analisar a igualdade de acesso, entre pessoas diversas, a determinado posto de trabalho, dado este que diz muito sobre a própria existência civilizada de um povo.

3. Quem trabalha tem direito a uma remuneração justa e satisfatória, que assegure ao trabalhador e à sua família uma existência compatível com a dignidade humana, a qual será complementada, se possível for, por todos os outros meios de proteção social.

Se o direito à remuneração justa e satisfatória é, desde sempre, inquestionável, nos dias atuais, considerando-se a igualdade entre o homem e a mulher, bem como a realidade das outras formas de família, com dois homens ou duas mulheres por exemplo, a previsão de que o salário de um só trabalhador deva ser suficiente para a subsistência de toda a família torna-se anacronismo. Todas as pessoas maiores e capazes concorrem para a subsistência da família que, diferentemente do que acontecia em 1948, não tem mais um chefe. Por fim, diante das necessidades do trabalhador, desempregado ou não, e das possibilidades do Estado, a remuneração deverá ser complementada.

4. Toda pessoa tem o direito de fundar com outras pessoas sindicatos e de se filiar a sindicatos para a defesa dos seus interesses.

O direito de criar sindicato e de sindicalizar-se para a defesa dos próprios interesses decorre do artigo 20 desta *Declaração*, de modo que, da mesma maneira que ninguém pode ser impedido de se reunir ou se associar com outros para qualquer finalidade pacífica (teoricamente o caso de um sindicato), ninguém pode ser obrigado a tomar parte de nenhuma reunião, associação ou sindicato contra a própria vontade.

Artigo 24º

Toda pessoa tem direito ao repouso e aos lazeres, especialmente a uma limitação razoável da duração do trabalho e a férias periódicas pagas.

Este artigo apresenta requisitos indispensáveis, além da remuneração justa e satisfatória (artigo 23, 3), para que se verifiquem as condições justas e favoráveis de determinado trabalho, direito fundamental invocado no item 1 do artigo 23. São eles: (*i*) repouso intrajornada (descanso no meio do expediente); (*ii*) repouso interjornada (descanso entre um dia de trabalho e outro); (*iii*) jornada limitada e razoável (que não consuma a maior parte do dia do trabalhador e permita que ele tenha uma vida social); e (*iv*) férias periódicas remuneradas.

Trata-se de medidas que respeitam a dignidade existencial, uma vez que preservam a integridade física e psíquica do trabalhador, bem como possibilitam o gozo do lazer e o desenvolvimento da sua personalidade.

Artigo 25º

1. Toda pessoa tem direito a um padrão de vida capaz de assegurar, a si e à sua família, a saúde e o bem-estar, especialmente a alimentação, o vestuário, a moradia, os cuidados médicos e, ainda, os serviços sociais indispensáveis, bem como direito à seguridade diante do desemprego, da doença, da invalidez, da viuvez, da velhice ou de outros casos dos quais decorram a perda de meios de subsistência por circunstâncias alheias à sua vontade.

Sem impossibilitar a inclusão de outro direito que, eventualmente, torne-se indispensável conforme as circunstâncias específicas de determinado país em determinada época, a *Declaração* estabelece seis direitos sociais básicos como mínimo indispensável para o gozo satisfatório da dignidade pessoal e da cidadania: (*i*) alimentação; (*ii*) vestuário; (*iii*) moradia; (*iv*) cuidados médicos; (*v*) serviços sociais indispensáveis como saneamento básico, eletricidade, cuidados urbanos, polícia, justiça etc.; e, por fim (*vi*) seguridade social que ampare o trabalhador desempregado, doente, inválido, em razão do tempo de serviço, bem como àqueles que, involuntariamente, perdem os meios de prover a própria subsistência ou àqueles que perdem seu provedor (dependentes incapazes para o trabalho).

2. A maternidade e a infância têm direito a cuidados e assistência especiais. Todas as crianças, nascidas dentro ou fora do matrimônio, gozam da mesma proteção social.

Decorre da natureza a necessidade de uma atenção especial tanto à maternidade quanto à infância, etapas de hipossuficiência da vida humana que devem ser, por sua essencialidade insubstituível, especificamente protegidas com maior rigor sob pena de fracasso da própria humanidade. De um lado, a mulher que é encarregada da tarefa mais extenuativa para a perpetuação da espécie, não somente como instrumento do advento, mas como organismo solitariamente responsável pela harmonia vital;

de outro, a criança, que é pai e mãe do ser adulto, uma vez que os acontecimentos da infância repercutem pelo resto da vida. Ignorar a fundamentalidade desse direito a cuidados e assistência especiais nesses dois momentos delicados e crucias da vida humana é condenar a evolução civilizacional ao ressentimento que vai afastando, pouco e pouco, a humanidade do ideal do respeito universal e, assim, do sonho da harmonia e da paz social.

Particularmente quanto às crianças, todas elas têm direito à mesma proteção social. Se, no passado, era imperioso destacar o fato "dentro ou fora do matrimônio", pois os chamados filhos bastardos ou ilegítimos eram injustamente alijados dos seus direitos como vergonha dos pais, não há ordenamento jurídico civilizado que, hoje, os discrimine. Todavia, cai um novo véu de hipocrisia que nos obriga a encarar a discriminação das crianças e adolescentes homossexuais, transexuais e intersexuais, que, como os bastardos de outrora, não são apenas preteridos em seus direitos de assistência material, mas também ultrajados em seus direitos personalíssimos mais básicos, como a segurança, a integridade física e, por que não dizer, a própria vida. São, com frequência, escondidos, torturados, tratados como enfermos, abandonados à própria sorte e assassinados pelos próprios pais. Portanto, se a todas às crianças devem ser reservados cuidados e assistência especiais, eles devem ser especialíssimos nesses casos.

DECLARAÇÃO UNIVERSAL DOS DIREITOS DA PESSOA HUMANA FORA DO ARMÁRIO

Artigo 26º

1. Toda pessoa tem direito à educação. A educação deve ser gratuita, pelo menos do ensino elementar ao fundamental. O ensino elementar é obrigatório. O ensino técnico e profissional dever ser generalizado; o acesso aos estudos superiores deve estar aberto a todos em plena igualdade e em função do mérito.

A suma importância da educação já foi destacada na conclusão do *Preâmbulo*. Agora, além do reconhecimento da sua importância, ela emerge como direito social indispensável tanto à dignidade existencial quanto ao exercício da cidadania: o direito à educação deve ser obrigatório e gratuito nos anos de formação (preferencialmente da infância ao início da adolescência e aos adolescentes e maiores ainda sem acesso ao ensino elementar), generalizada quando profissionalizante e meritocrática na altura do ensino superior.

No que concerne ao acesso ao ensino superior, a disposição do critério meritocrático como via única de ingresso embala o polêmico debate acerca das cotas como alternativa à pura meritocracia. No Brasil, a admissão de cotas nas universidades padece de um pecado original: a confusão habilmente engendrada pela militância identitária que embaralhou, por ignorância ou má-fé, os conceitos de *racismo* e *racismo estrutural*, uma vez que o sistema de cotas surgiu, na história moderna, como medida compensatória, primeiro, de acesso a postos no serviço público e, segundo, de vagas no ensino superior em razão do *racismo estrutural* – e não, pura e simplesmente, do *racismo*.

Qual a diferença entre racismo e racismo estrutural?

O racismo, conforme o verbete ao artigo 7º, **é qualquer ação discriminatória motivada por preconceito contra determinado ou determinável elemento (*i*) biológico [genotípico (p.e., uma doença) ou fenotípico (p.e., a corda pele, do cabelo ou qualquer traço da aparência], (*ii*) personalíssimo (vocacional, sentimental, existencial etc.) ou (*iii*) temporal (cultural, ideológico, comportamental) que identifique uma pessoa ou um**

137

grupo de pessoas que compartilham esse mesmo elemento característico.

O racismo estrutural, por sua vez, é um odioso passo adiante. Está além do racismo; é a oficialização de uma ou diversas modalidades do racismo. *O racismo estrutural é o racismo institucionalizado, firmado como política ou norma estatal que valida, abertamente, a tomada de determinadas ações racistas independentemente da sua abrangência mais ou menos generalizada.*

Tanto na Índia, onde o sistema de cotas no serviço público surgiu na década de 1930 (e ainda presente no texto constitucional), quanto nos Estados Unidos, onde as cotas no ensino superior se desenvolveram a partir da experiência de algumas universidades na década de 1970, as cotas surgem como medida compensadora do racismo estrutural que atinge, respectivamente, a casta dos *dalits* e a população afrodescendente. Segregados oficialmente, mesmo que apresentassem todo o mérito ou fossem, inclusive, melhores que os demais, seu acesso, tanto ao serviço público (caso dos *dalits*) quanto aos estudos superiores (caso dos americanos afrodescendentes), era *formalmente* negado, razão pela qual tende a ser corrigido, gradativamente, através de uma "vantagem" formalizada (cota). Diante do choque de formalidades antagônicas, abala-se a estruturalidade do racismo; mas não o racismo em si, que, em um primeiro momento, tende a crescer fomentado pela raiva racista e, sequencialmente, a retroceder conforme o sucesso do sistema de cotas.

No Brasil, inexiste racismo estrutural de cor e etnia. O racismo estrutural propriamente dito, neste país, segregou mulheres, homossexuais e transexuais. Mas, uma vez que o racismo aos pretos ainda existe (e, da mesma forma, persiste contra as vítimas do verdadeiro racismo estrutural brasileiro: homossexuais, transexuais e mulheres), convencionou-se chamar o racismo de racismo estrutural. Por estupidez ou irresponsabilidade, "pensadores" têm conceituado o adjetivo *estrutural* de forma extensiva, de maneira que abarque, além das instituições, (*i*) as relações interpessoais, (*ii*) a cultura e (*iii*) a História.

A astúcia maquiavélica desse conceito manipulado está na confusão entre dois conceitos sociológicos elementares, quais sejam, *estruturado* e *estruturante*. Ao passo que *estruturante* se define como um princípio que gera e encoraja, de maneira informal, práticas e representações não regulamentadas e reguladas objetivamente, *estruturado* é aquilo que pode suceder ao *estruturante* na forma de regras objetivamente adaptadas à finalidade *estruturante*. O *estruturante* é aquilo que forma o *estruturado*, que pode ser definido como um "estruturante permitido ou obrigatório".

Somente o que está *estruturado* pode qualificar alguma coisa como *estrutural*. Portanto, relações interpessoais, culturas e História são apenas, naturalmente, elementos *estruturantes* que podem, ou não, ser estruturados, ou seja, objetivamente institucionalizados (normas, políticas públicas etc.), sem o que nada é *estrutural*. No Brasil, a título de ilustração, um rico nacional nigeriano ingressaria em qualquer Universidade (havendo racismo no país, ele pode até ser estruturante, mas não é estrutural); em um país de racismo estrutural, todavia, por mais educação e recursos que tivesse, ele seria recusado.

Na realidade brasileira, o pífio acesso às cadeiras universitárias é triste realidade não somente dos pretos, mas de todos os pobres alijados de uma educação básica minimamente satisfatória e de condições de vida dignas. Mais honesto seria que, ao invés de avacalhar o conceito de um drama bastante sério, a militância tivesse defendido, desde o começo, cotas sociais, sistema que, finalmente, tem se desenvolvido no Brasil e sobre o qual ainda não podem ser extraídas conclusões definitivas de sucesso ou fracasso. Tudo isso sem esquecer, é claro, a educação básica, parte mais fundamental do direito fundamental à educação.

2. A educação deve visar à plena expansão da personalidade humana e ao reforço tanto dos direitos da pessoa humana quanto das liberdades fundamentais, bem como deve favorecer a compreensão, a tolerância e a amizade entre todas as nações e todos os grupos raciais ou religiosos, bem como o desenvolvimento das atividades das Nações Unidas para a manutenção da paz.

As Nações Unidas assumem, neste item, a própria incapacidade de promover a paz e a dignidade de todas as pessoas se a educação não cumprir o seu papel fundamental, que, além de promover o conhecimento, deve sedimentar o respeito entre todos para que cada um experimente a própria personalidade conforme suas particularidades, ou seja, fazer do respeito à diversidade de cada um a tônica natural na vida de todos, pois nenhuma liberdade fundamental resiste à negativa do respeito recíproco à diversidade e, sem liberdade pessoal, não resta direito nenhum. Ao falar em "raça" e "grupos raciais", o dispositivo sugere que toda a pauta da diversidade seja levada à sala de aula (sexualidade e identidade de gênero inclusive).

Como o respeito é um sentimento, o primeiro passo da educação nessa missão, portanto, é orientar ações de compreensão, tolerância e amizade.

3. Os pais têm prioridade de direito na escolha do gênero de educação que será ministrada aos seus filhos.

Tal como salientei ao falar dos vistos de ingresso e permanência em países, o presente dispositivo é, lamentavelmente, outro corpo estrando aos demais direitos desta *Declaração*. Privadas da obrigação de frequentar um sistema de ensino no qual se garanta um currículo mínimo, além da provável desvantagem concorrencial futura que vai macular o resto da vida de uma criança ensinada em casa, este dispositivo afasta a educação do seu ideal de superação das diversidades e de respeito a elas, pois permite a não socialização dos filhos no crucial momento da infância (momento ideal para a quebra de preconceitos). Ações de compreensão e tolerância não são possíveis se crianças e jovens estiverem afastados do convívio com a diversidade e do natural enfrentamento aos problemas que dela decorrem. Esta regra, na realidade, possibilita a perpetuação do preconceito.

DECLARAÇÃO UNIVERSAL DOS DIREITOS DA PESSOA HUMANA FORA DO ARMÁRIO

Artigo 27º

1. Toda pessoa tem o direito de tomar parte, livremente, da vida cultural da comunidade, de fruir as artes e de participar do progresso científico e dos seus benefícios.

A vida cultural e artística livre não poder ser um privilégio nem de uma classe nem de ninguém, e, de igual forma, ninguém pode ser discriminado ou sofrer ostracismo cultural de qualquer natureza em razão da sua diversidade. O mesmo se aplica ao acesso do progresso científico, que deve beneficiar a todos e, a depender dos seus resultados, especialmente àqueles que nele encontram a solução que faltava para a efetivação da própria dignidade, como no caso da evolução tecnológica dos métodos e instrumentos para a transgenitalização.

2. Todos têm direito à proteção dos interesses morais e materiais ligados a qualquer produção científica, literária ou artística da sua autoria.

A regra consagra os direitos de autor como direito fundamental: quem produz tem direito à remuneração pelo uso da sua obra, que não pode, ao mesmo tempo, ser alterada sem o seu consentimento prévio.

Artigo 28º

Toda pessoa tem direito a que reine, no plano social e no plano internacional, uma ordem capaz de tornar plenamente efetivos os direitos e as liberdades enunciadas na presente Declaração.

O artigo 28 declara, em favor de todas as pessoas, nos planos nacional e internacional, o direito de ter (*i*) direitos (v. artigo 3º) – especialmente para que as escolhas pessoais de cada uma delas não sejam, em qualquer lugar que se encontrem, refutadas ou estigmatizadas, de modo a garantir que a dignidade da identidade de cada indivíduo seja, de fato, universal e, assim, não seja reduzida perante nenhum esquema identitário impositivo –, (*ii*) jurisdição sobre esses direitos, bem como (*iii*) uma administração que garanta os meios necessários tanto para (*iii.a*) o gozo regular e satisfatório desses direitos quanto para (*iii.b*) o efetivo cumprimento das condenações decorrentes dos casos de violações (v. artigos 8º e 10).

Artigo 29º

1. O indivíduo tem deveres para com a comunidade, fora da qual não é possível o livre e pleno desenvolvimento da sua personalidade.

Guardo na memória, desde os meus primeiros anos na Faculdade de Direito do Largo São Francisco, uma poética lição de Norberto Bobbio: "tal como não pode existir um pai sem um filho e vice-versa, da mesma forma não pode existir um dever sem direito; mas, tal como o pai vem antes do filho, da mesma forma a obrigação sempre veio antes do direito"[35].

Em outras palavras, o direito, antes de ser uma garantia ou proteção à pessoa humana, é um indissociável dever imposto à mesma pessoa humana. Se o ser humano somente é real titular de direitos através do reconhecimento da sua personalidade, uma vez que a personalidade, de um lado, não pode ser delimitada ou reduzida a nenhum esquema descritivo definitivo – e, assim, sempre serão irredutíveis os seus aspectos que devem ser protegidos a título de direitos da personalidade –, mas pode, de outro, ser reduzida a apenas um dever fundamental (o dever fundamental e universal do respeito próprio e recíproco), todo indivíduo, para que tenha direitos que decorrem da personalidade, deve observar, antes, o dever que lhe impõe a personalidade.

Em poucas palavras, se quero respeito, se quero gozar do direito ao respeito, se quero ser protegido contra qualquer forma de desrespeito, devo, em primeiro lugar, respeitar o outro – e, claro, a mim mesmo.

Rejeitar esse dever fundamental é rejeitar a comunidade, a harmonia e a paz de uma sociedade, fora da qual ninguém é capaz de expressar livremente a própria personalidade, especialmente porque, se o ser humano existe, ele existe em relação a algo;

---

[35] BOBBIO, Norberto. *Teoria geral da política:* a filosofia política e as lições dos clássicos. Org. Michelangelo Bovero. Trad. Daniela Beccaccia Versiani. Rio de Janeiro: Campus, 2000, p. 476.

sua vida, em suma, é uma vida de relações e, sem relações (fora da comunidade), mesmo que a vida continue sendo vida, é uma vida vazia de razão – logo, também vazia de personalidade.

2. No exercício dos seus direitos e no gozo das suas liberdades, ninguém estará sujeito senão às limitações estabelecidas pela lei com vista, exclusivamente, a promover o reconhecimento e o respeito dos direitos e liberdades dos outros, bem como satisfazer as justas exigências da moral, da ordem pública e do bem-estar da sociedade democrática.

"O que é liberdade? Liberdade de quê?"

Responde Ayn Rand as próprias perguntas com a crueza e realidade que lhe são peculiares: "Não há nada capaz de tirar a liberdade de um homem exceto outro homem. Para ser livre, um homem deve ser livre de seus irmãos. Isso é liberdade. Isso e nada mais."[36]

De fato, para que possa exercer os seus direitos e gozar da liberdade que, ínsita à dignidade existencial de cada um, lhe é fundamental, a pessoa humana não pode ser estigmatizada, impedida – física ou moralmente – nem depender da aprovação de nenhum outro indivíduo. Toda pessoa é, em tudo e com relação a todos, livre na medida da sua própria e particularíssima personalidade que, por ser substância da Razão, limita-a apenas ao cumprimento do dever fundamental do respeito.

Se Razão e respeito coincidem, a Moral, como imperativo da Razão, é a ordem para respeitar; por sua vez, como imperativo da Moral, o Direito é o instrumento que faz valer, neste mundo de moralidades esquizofrênicas, o imperativo do respeito recíproco.

É por isso que a pessoa humana, no gozo da sua liberdade ilimitada, está sujeita apenas à limitação do Direito. Materializado nas leis, elas devem ser consentâneas à essência do Direito – o que justifica a redação deste dispositivo que reputa como justas somente as leis destinadas "a promover o reconhecimento e o

---

[36] RAND, Ayn. *Cântico*. Trad. André Assi Barreto. Campinas: Vide Editorial, 2015, p. 112.

respeito dos direitos e liberdades dos outros", que é o mesmo que dizer "satisfazer as justas exigências da moral" (respeito recíproco), sem a qual não é possível o alcance "da ordem pública e do bem-estar da sociedade democrática".

Se a liberdade da pessoa decorre da personalidade, que é atributo da Razão, ações irracionais – por definição, desrespeitadoras – não podem ser cogitadas como desdobramentos da liberdade pessoal, que garante infinitas possibilidades de ações desde que satisfaçam o preceito moral do respeito recíproco, que é imperativo da Razão.

3. Em nenhuma hipótese, estes direitos e liberdades poderão ser exercidos contrariamente aos fins e aos princípios das Nações Unidas.

Os direitos e liberdades fundamentais e universais da pessoa humana devem servir aos propósitos de: (*i*) manter, em todo lugar, a paz e a segurança; (*ii*) fazer valer medidas efetivas contra atos de agressão ou que ameacem a segurança e a paz; (*iii*) desenvolver, entre os países, relações amistosas baseadas no respeito ao princípio da igualdade de direitos e autodeterminação dos povos, bem como no fortalecimento da paz universal; (*iv*) alcançar a cooperação internacional para resolver, onde quer que existam, problemas econômicos, sociais, culturais e humanitários, bem como para promover e estimular o respeito aos direitos fundamentais e à diversidade das pessoas, sem distinção nem privilégios.

Artigo 30º

Nenhuma disposição da presente Declaração pode ser interpretada de modo a reconhecer, para qualquer Estado, grupo ou indivíduo, o direito de exercer ou de praticar qualquer ato destinado a destruir os direitos e liberdades aqui enunciados.

Por mais milenares ou aclamados que sejam, nem textos sagrados nem teses pseudocientíficas de meio-cientistas podem fundamentar exceções à presente *Declaração* para vir a julgar a liberdade dos vivos e fazer morta a diversidade. Pois, juridicamente, nada nem ninguém é superior à pessoa humana.

O ódio é uma confissão da triste relação entre aquele que odeia e coisa odiada. A aversão expressada por aquele que odeia revela uma oculta inveja que dói fundo; é a inveja por privar-se de uma coisa que, porque existe, tem a sua essência e a sua perfeição. Através desse pensamento, Espinosa conclui que, "se nos servimos bem de nossa razão, não podemos ter nenhum ódio nem aversão contra algo porque, ao fazê-lo, nos privamos da perfeição que há em todas as coisas".[37]

Em conclusão, todo indivíduo que ataca e critica a relevância dos direitos fundamentais da pessoa humana é, no alto da sua mais profunda estupidez, um ser que ainda não se reconheceu como pessoa, que reluta contra a própria dignidade; é alguém que, tenho a mais absoluta certeza, insiste em se trancar no armário – se é que não perdeu a chave... Mas nunca é tarde demais.

---

[37] ESPINOSA, Baruch de. *Breve tratado de Deus, do homem e do seu bem-estar.* Belo Horizonte: Autêntica, 2014, pp. 104-105.

Declaração Final à Pessoa do Fundamental Leitor Humano

"Tomai o fardo do Homem Branco
Enviai vossos melhores filhos
Ide, condenai seus filhos ao exílio
Para servirem aos vossos cativos;
Para esperar, com chicotes pesados
O povo agitado e selvagem
Vossos cativos, tristes povos,
Metade demônio, metade criança."

(Rudyard Kipling)

Em 1899, Rudyard Kipling – agraciado com o Prêmio Nobel de Literatura em 1907 – publicou o seu poema *The White Man's Burden*, no vernáculo, *O Fardo do Homem Branco*. Nascido em Bombaim no seio da aristocracia durante o império britânico, seus escritos são verdadeira celebração ao imperialismo; apesar do conjunto da sua obra, esse poema de sete estrofes (seu trabalho mais curto) foi o seu texto de maior repercussão, mais emblemático e, até hoje, muito criticado.

De fato, *O Fardo do Homem Branco* é um louvor à dominação de uma cultura sobre outra, uma conclamação à uniformização universal conforme um conjunto particular de valores, crenças e costumes predefinidos e pretensiosamente imutáveis, uma ode contra a diversidade e a liberdade... Afinal, no apagar das luzes do século XIX, muito embora a palavra pessoa já fosse sinônimo de ser humano, inexistia, ainda, a compreensão do seu real significado, de modo que o conceito de pessoa humana somente começou a ser politicamente desenvolvido e disseminado de maneira apropriada após a Segunda Guerra Mundial.

Compreendido o real significado de pessoa, esclarecido o conceito de pessoa humana através da *Declaração Universal de Direitos*, torna-se claro o desprezível propósito imperialista festejado no poema de Rudyard Kipling, pois homem nenhum, nem o branco nem o preto, nem o indígena nem o nacionalizado, nem o heterossexual nem o homossexual, tem fardo nenhum; pode ter desafios sentidos como fardos, como o desafio de sobreviver neste mundo a qualquer custo, mas, longe de representarem deveres que precedem a quaisquer direitos, esses desafios apenas promoveram odiosas dominações que, invariavelmente, suprimiram a dignidade existencial dos dominados.

Somente a pessoa tem um fardo fundamental, que é o fardo de observar, custe o que custar, o respeito universal.

A *Declaração Universal de Direitos da Pessoa Humana*, posta para fora do armário, também é uma conclamação universal. Todavia, inconfundível com a conclamação ao fardo imperialista, trata-se de verdadeiro desafio universal para a garantia da livre coexistência das diversidades, uma vez que, se me permitem resumir a *Declaração* em uma só frase, **todos têm, igualmente, o direito de ter direitos iguais e, porque têm esse direito, todos têm o mesmo dever de, igualmente, respeitar esse direito e os direitos que decorrem desse direito**.

Ápice do processo de evolução da ética no seio da humanidade, a *Declaração* informa o *direito de ter direitos* e, tecnicamente, é uma *recomendação* aos países das Nações Unidas. Por esse motivo, fora do armário, a *Declaração Universal de Direitos da Pessoa Humana* – superando, em tudo, o abjeto *fardo do homem branco* – impõe não somente aos países e aos líderes, mas a cada um dos indivíduos deste planeta, o que chamo de *fardo da pessoa humana*.

O fardo da pessoa humana é o peso da glória do ser humano, que decorre da sua comunhão direta com a Razão Universal criadora de todas as coisas, pois, através do pensamento infinito e da criação inovadora, o ser humano se comprova ligado ao seu mistério criador. Se esse mistério fundamental é absolutamente livre, de maneira que não pode ser reduzido descritivamente quanto às possibilidades de expressão, resta apenas que ele exista para que seja livre e irredutível na sua infinita diversidade expressiva. O *fardo da Razão*, portanto, é o respeito existencial.

A igual particularização universal da Razão Universal em cada indivíduo faz de nós pessoas e, com isso, coloca em nossos ombros o peso do *fardo da Razão*. Portanto, decorre da dignidade existencial que é igual em cada indivíduo a responsabilidade de suportar o *fardo da pessoa humana*: mesmo sem conhecer a Razão, devemos compreender a Razão em todas as pessoas e todas as pessoas devem reconhecer a Razão em nós; e, porque a Razão somente se revela através da lei universal do respeito, nunca existirá Razão na ação de qualquer pessoa que desrespeite a liberdade da pessoa (a sua própria liberdade ou a liberdade do outro).

A *Declaração Universal dos Direitos da Pessoa Humana Fora do Armário*, assim, nos convoca:

Tomai o fardo da pessoa humana e respeite-se; saia de qualquer armário que o enclausura e, da mesma forma, respeite quem já saiu do armário.

Tomai o fardo da pessoa humana e compreenda que não existe liberdade sem diversidade, de maneira que a sua própria liberdade é aniquilada cada vez que você diminui a sua própria dignidade existencial ao renunciar a diversidade em nome de qualquer grupo.

Tomai o fardo da pessoa humana e aceite que toda existência é racional e boa; por isso, deve gozar da mais ampla e irrestrita liberdade enquanto não ferir a livre existência do outro.

Tomai o fardo da pessoa humana e sinta o peso da sua glória na responsabilidade democrática, porque políticas e leis somente são boas e justas quando promovem o respeito a todos, sem exceção – se existir um só injustiçado, o próximo poderá ser você.

Tomemos todos, portanto, o fardo da pessoa humana, para quem *respeitar o Direito* não significa *respeitar a lei*, mas, simplesmente, RESPEITAR.

Tiago Pavinatto, outono de 2022.